Femmes de lettres

W0194766

Susanne Nadolny

ELSA TRIOLET

Il n´y a pas d´amour heureux

**Eine biografische und literarische Collage
mit Texten, Bildern und Fotografien von Elsa Triolet, Louis
Aragon, Lilja Brik, Wladimir Majakowskij, Henri Cartier-Bresson,
Robert Doisneau, Gisèle Freund, Rodtschenko, Man Ray u.a.**

edition ebersbach

Für Philipp

Inhalt

Inhalt Textauszüge

Inhalt Textauszüge

Elsa Triolet, 1945, in dem Jahr, als sie als erste Frau überhaupt den Prix Goncourt, die höchste literarische Auszeichnung Frankreichs, erhielt. (Foto Robert Doisneau)

Leben und Schreiben

Elsa Triolet (1896–1970) gilt heute als eine der faszinierendsten intellektuellen Frauengestalten des 20. Jahrhunderts. Der Lebensweg der Schriftstellerin, die in den Kreisen der Moskauer Intelligenzija aufwuchs und seit den zwanziger Jahren in Paris lebte, wurde maßgeblich von den weltpolitischen Ereignissen geprägt, die die Menschen in der ersten Hälfte des vergangenen Jahrhunderts in Atem hielten. Die Kosmopolitin befand sich – notgedrungen – selbst oft mitten im Geschehen. Aber ob in Moskau, Berlin oder Paris: wo sie auch war, die Welt der Elsa Triolet war von frühester Jugend an vor allem die der Künstler und Literaten, und es sind nicht wenige berühmte Namen, die in ihrem Umfeld auftauchen: ihre Jugendliebe, der russische Dichter Wladimir Majakowskij, der sie mit der Dichtung der Futuristen vertraut machte, ihre ältere Schwester Lilja Brik, die als Muse Majakowskijs und Lichtgestalt der russischen Avantgarde Berühmtheit erlangte; der Schriftsteller Viktor Šklovskij und der Sprachwissenschaftler Roman Jakobson, beide Jugendfreunde und hartnäckige Verehrer Elsa Triolets, Maxim Gorki, ihr Mentor, der sie zum Schreiben ermunterte, und schließlich ihr zweiter Mann, der französische Lyriker und Romancier Louis Aragon, Mitglied der Dadaisten und Surrealisten, mit dem sie eine außergewöhnliche Schriftstellerehe führte.

Zeichnung mit Widmung von Henri Matisse, 1946.

Die berühmtesten Fotografen ihrer Zeit porträtierten sie: Henri Cartier-Bresson, Robert Doisneau (mit dem sie auch für den Text/Bildband *Paris bei Tag, Paris bei Nacht* zusammenarbeitete), Man Ray (der für ihr Buch *Colliers* den von ihr gefertigten Schmuck fotografierte), Alexander Rodtschenko, Gisèle Freund. Ihre Freundschaft mit zeitgenössischen Künstlern, zu denen u.a. Marcel Duchamp, Fernand Léger und Francis Picabia gehörten, führte nicht selten zu einer Zusammenarbeit. So fertigten beispielsweise Henri Matisse oder auch Max Ernst eigens für ihre Bücher Zeichnungen und Bilder an.

Louis Aragon: Il n'y a pas d'amour heureux

Rien n'est jamais acquis à l'homme Ni sa force
Ni sa faiblesse ni son cœur Et quand il croit
Ouvrir ses bras son ombre est celle d'une croix
Et quand il croit serrer son bonheur il le broie
Sa vie est un étrange et douloureux divorce
    Il n'y a pas d'amour heureux

Sa vie Elle ressemble à ces soldats sans armes
Qu'on avait habillés pour un autre destin
A quoi peut leur servir de se lever matin
Eux qu'on retrouve au soir désœuvrés incertains
Dites ces mots Ma Vie *et retenez vos larmes*
    Il n'y a pas d'amour heureux

Mon bel amour mon cher amour ma déchirure
Je te porte dans moi comme un oiseau blessé
Et ceux-là sans savoir nous regardent passer
Répétant après moi les mots que j'ai tressés
Et qui pour tes grands yeux tout aussitôt moururent
    Il n'y a pas d'amour heureux

Le temps d'apprendre à vivre il est déjà trop tard
Que pleurent dans la nuit nos cœurs à l'unisson
Ce qu'il faut de malheur pour la moindre chanson
Ce qu'il faut de regrets pour payer un frisson
Ce qu'il faut de sanglots pour un air de guitare
    Il n'y a pas d'amour heureux

Il n'y a pas d'amour qui ne soit à douleur
Il n'y a pas d'amour dont on ne soit meurtri
Il n'y a pas d'amour dont on ne soit flétri
Et pas plus que de toi l'amour de la patrie
Il n'y a pas d'amour qui ne vive de pleurs
    Il n'y a pas d'amour heureux
    Mais c'est notre amour à tous deux

Glückliche Liebe gibt es nicht

Nichts bleibt dem Menschen je erhalten Seine Kraft nicht
Nicht seine Schwäche nicht sein Herz Und wenn er glaubt
Er öffne seine Arme wirft er eines Kreuzes Schatten
Und er zermalmt sein Glück wenn er's zu halten glaubt
Sein Leben: eine seltsam-schmerzensreiche Scheidung
    Glückliche Liebe gibt es nicht

Sein Leben ähnelt den Soldaten ohne Waffen
Die für ein andres Schicksal man gekleidet hat
Wozu denn sollen sie des Morgens sich erheben
Sie die man abends antrifft müßig ohne Halt
Könnt ihr Mein Leben *sagen und dabei nicht weinen*
    Glückliche Liebe gibt es nicht

Meine schöne Liebe meine teure Liebe mein Zerrissensein
Wie einen wunden Vogel trag ich dich in mir
Und wer nicht wissend uns vorübergehen sieht
Spricht mir die Worte nach die ich geflochten habe
Und die ob deiner großen Augen alsbald starben
    Glückliche Liebe gibt es nicht

Hat man gelernt zu leben ist es schon zu spät
Es mögen nachts im Gleichklang unsre Herzen weinen
Was braucht's an Unglück für das kleinste Lied
Was braucht's an Reue um ein Schaudern zu bezahlen
Was braucht's an Schluchzern für ein Lied auf der Gitarre
    Glückliche Liebe gibt es nicht

Es gibt keine Liebe die ohne Schmerzen ist
Es gibt keine Liebe die einen nicht quält
Es gibt keine Liebe an der man nicht welkt
Die Liebe zu dir nicht und nicht die zur Heimat
Es gibt keine Liebe die nicht von Tränen lebt
    Glückliche Liebe gibt es nicht
    Und doch ist's unser beider Liebe

Die Begegnung und Auseinandersetzung mit führenden Avantgarde-Künstlern beeinflusste ihr Leben nicht weniger als ihr Schreiben, wenngleich sie selbst einer eher traditionellen Erzählweise verhaftet blieb. Elsa Triolet, die zunächst in ihrer Muttersprache Russisch, ab 1938 in französischer Sprache schrieb, hinterließ ein umfangreiches Werk. Sie schrieb Romane, Novellen, Biografien und Essays, war nebenbei jahrelang als Journalistin und Publizistin tätig und setzte sich als Übersetzerin und Herausgeberin für einen Kulturaustausch zwischen ihrem Heimatland und Frankreich ein. Im Jahre 1944 erhielt sie als erste Frau den Prix Goncourt, die höchste literarische Auszeichnung Frankreichs. Nach dem Krieg wurde sie als Vertreterin der »Literatur des Widerstands« gefeiert und stand fortan bis an ihr Lebensende im Mittelpunkt der französischen Öffentlichkeit.

Elsa und Aragon mit dem Chansonnier Leo Ferré, der zahlreiche Gedichte Aragons vertonte.

Obwohl Elsa Triolet heute in Frankreich als anerkannte Schriftstellerin gilt, gelang es ihr nie, sich aus dem Schatten des überragenden Sprachkünstlers Aragon zu lösen. Ende der zwanziger Jahre war es in der Bar »La Coupole« in Paris zu der legendären Begegnung gekommen, die den Beginn einer 42-jährigen Lebens- und Arbeitsgemeinschaft markierte, die erst mit dem Tod Elsa Triolets endete. Aragon setzte seiner Frau in seinen Romanen und insbesondere in seinen Gedichten ein literarisches Denkmal, das den Namen Elsa untrennbar mit seinem Werk verbindet. Viele seiner Liebesgedichte wurden durch bekannte französische Chansonniers wie Leo Ferré, Jean Ferrat oder Georges Brassens – er schrieb die Melodie zu dem Gedicht »Il n'y a pas d'amour heureux« – vertont, was entscheidend zu der Popularität der Gedichte – auch außerhalb Frankreichs – beitrug.

Gerade im Ausland scheint Elsa Triolet in erster Linie als Frau an der Seite eines großen Dichters in Erinnerung geblieben zu sein. Man zählt sie – neben Gala Dalí oder Olga Picasso – zu den »russischen Musen« und zu den »realen Frauen der Surrealisten« oder spricht von ihr als Teil eines »schreibenden Paares«. In der DDR war ihr Name auf-

LE PREMIER ACCROC COUTE DEUX CENTS FRANCS

ELSA TRIOLET

LE PREMIER ACCROC
COUTE
DEUX CENTS FRANCS

NOUVELLES

SOCIÉTÉ DES ÉDITIONS
D E N O Ë L

Der Titel des Erzählbandes *Le premier accroc coûte deux cents francs*, für den Elsa Triolet 1944 den Prix Goncourt erhielt, geht auf den Codesatz zurück, der die Landung der Alliierten ankündigte.

Elsa Triolet im Vorwort zu **Das Ende hat seinen Preis**

Man kann unabhängig von der Zeit schreiben, unabhängig von den Ereignissen, aber nicht unabhängig von seinem eigenen Schicksal, und also auch nicht unabhängig von sich selbst, von dem, was man ist. Wenn man dazu kommt, den Augenblick und die Stelle einzukreisen, wo das Saatkorn gefallen ist, wenn es einem glückt zu sehen, wie es aufgeht und zur Pflanze heranwächst, so begreift man, dass die Entstehungsgeschichte eines Werkes von der Lebensgeschichte seines Autors abhängt. Hätte der Romanschriftsteller ein anderes Schicksal gehabt, so schriebe er anders, ohne dass deshalb seine Romane Autobiografisches enthüllten. In unserem gemeinsamen Leben, untrennbar wie es ist, haben wir einander beigestanden, damit alle unsere Pflanzen, die eigenen sowohl als auch die des anderen, wachsen konnten. [...] Was hättest du geschrieben, wenn es keinen Krieg gegeben hätte? Was hätte ich geschrieben? Ich habe immer frei und unbefangen geschrieben, so, wie die Pariser die Straße überqueren, ohne sich um Fußgängerüberwege oder um Fahrzeuge zu kümmern. Aber die Richtung, die Marschroute hängen davon ab, was man im Leben zu tun hat. Wir konnten uns nicht von unseren Verhältnissen loslösen. Kann man von etwas anderem schreiben als von seinen quälenden Gedanken? Vielleicht, aber nur durch eine bewusste Entscheidung.

grund ihrer Nähe zur kommunistischen Partei, der sie selbst jedoch nie angehörte, ein Begriff. Bis heute hat sich ihr Ruf als Stalinistin gehalten, die den »surrealistischen Revolutionär« Aragon seinen Kreisen entfremdete und auf Parteilinie brachte. Geblieben ist auch die Erinnerung an ihre extravagante Erscheinung. Ihr Interesse an Haute Couture, an Pelzen und Schmuck, das in einem Missverhältnis zu ihren sozialistischen Grundsätzen zu stehen schien, löste durchaus auch Befremden aus. Ambivalenz gehörte zu Elsa Triolets Leben. Sie war beides: die elegante Pariserin, die die entstehende Modebranche als Schmuck-Designerin zu ihren Zwecken zu nutzen wußte, wie auch die russische Exilantin, deren Verbundenheit mit der Heimat und der dort noch lebenden Familie nicht zuletzt in ihren politischen Überzeugungen Niederschlag fand.

In Rumänien, 1947.

Wenn im folgenden Elsa Triolets Leben ihren Erzählungen und Romanen sowie den Erinnerungen, Briefen, Gedichten und Prosatexten ihrer Zeitgenossen gegenüber gestellt werden, so geschieht dies nicht etwa in der Absicht, mit geradezu detektivischem Spürsinn den real-biografischen Gehalt fiktionaler Texte zu erforschen. Aufgezeigt werden sollen vielmehr die in unterschiedlichste Richtungen führenden Spuren, die sie hinterlassen hat, um so – über das Klischee der Kommunistin und Muse hinausgehend, das ihr nach wie vor anhaftet – das Bild einer Frau zu zeichnen, deren bewegtes Leben und Schaffen eine spannende Geschichte erzählen. Das vorliegende Buch versteht sich so in erster Linie als Hommage an eine Frau, deren Faszination auch dreißig Jahre nach ihrem Tod noch zu wirken vermag.

In ihren Romanen und Novellen behandelt Elsa Triolet Themen, die ihrem unmittelbaren Erfahrungsbereich entstammen, wie u.a. ihre unlängst erschienenen *Écrits intimes* belegen. Es sind ihre eigenen Träume und Ideale, ihre Ängste und Obsessionen, ihre eigenen ›quälenden Gedanken‹, die in den inneren Monologen ihrer Heldinnen erkennbar werden. Elsa Triolet schildert ihre Frauen-Charaktere, ihre

Die KPF übernahm auf ihren Mitgliedsausweisen Elsa Triolets Formulierung ›Partei der Erschossenen‹.

(Foto Henri Cartier-Bresson, 1945)

»*Wäre das Schreiben nicht gewesen, hätte ich womöglich Hand an mich gelegt, so schwer und so furchtbar ist es zuweilen gewesen. Dieses Tun habe ich außerordentlich liebgewonnen, es ersetzt mir die Freunde, die Jugend und vieles andere, was einem im Leben fehlt.*«

Elsa Triolets Brief an ihre Schwester Lilja Brik, 1. Februar 1945.

Art zu leben und zu lieben, mit einer Sensibilität, die die Verletzlichkeit der Autorin erahnen lässt. Im Spannungsfeld von individueller Erfahrung und Historie entstehen so Geschichten, die in der melancholischen Grundstimmung die Zerrissenheit der Autorin zwischen zwei Welten, zwischen zwei Sprachen deutlich machen. Die Einsamkeit als Folge der als schmerzhaft empfundenen Marginalität ist, wie sie selbst einmal sagte, das Thema ihrer Bücher und das Thema ihres Lebens. Auch als gefeierte französische Schriftstellerin, auch als bekannte Person des öffentlichen Lebens fühlte sie sich nie wirklich zugehörig, und auch an der Seite des berühmten Dichters litt sie weiterhin unter dem Gefühl, nicht genug geliebt zu werden.

Aragon vor einem Plakat aus dem spanischen Bürgerkrieg.

Diese Grunderfahrung der Autorin – *le mal du pays* neben *le mal de l'amour* – bedingen die thematischen Akzente der narrativen Prosa Elsa Triolets, in der die Brüchigkeit persönlichen Glücks immer wieder aufgezeigt wird. Der Titel des vorliegenden Buches, der zurückgreifend auf ein Gedicht von Aragon Elsa Triolets Leben mit »Il n'y a pas d'amour heureux« überschreibt, verweist auf die Vergeblichkeit der Glückssuche. Vergeblich vor allem wegen der Idealisierung der *amour fou*, der wahnsinnigen, leidenschaftlichen, einmaligen Liebe als Allheilmittel gegen die Lebensangst, die die Autorin mit ihren Heldinnen vereint. Auch wenn ihre Frauengestalten mitunter die *amour fou* tatsächlich erleben dürfen, scheint gerade die Leidenschaftlichkeit, die die Beteiligten in einen Ausnahmezustand versetzt, der Dauerhaftigkeit dieser Liebe entgegenzustehen. Gegen die Bedrohung von außen hat sie keinen Bestand, und letztendlich sind es nur Moment des Glücks, die sie sich und ihren Heldinnen zugesteht.

Die Abhängigkeit des persönlichen Schicksals von den politischen und gesellschaftlichen Zuständen, die sie immer wieder aufzeigt, verleiht ihren Fallgeschichten paradigmatischen Charakter, so dass sich die Einzelschicksale der Trioletschen HeldInnen nicht zuletzt auch als Chronik ihrer Zeit lesen lassen.

Elsa Triolet: La mise en mots (1969)

Elsa Triolet mit dem Schauspieler
Louis Jouvet auf einer Buchmesse.

Dem Geschriebenen geht die eigene Legende und die Legende des Autors voraus. Ich habe Augen, die die Augen Elsas sind. Ich habe einen Ehemann, der Kommunist ist. Durch meine Schuld Kommunist. Ich bin ein Werkzeug der Sowjets. Ich bin eine Frau, die Schmuck liebt. Ich bin eine feine Dame und eine Schlampe. Ich unterliege dem sozialistischen Realismus. Ich bin eine Moralistin und eine frivole Person, die strickt und Geschichten erfindet. Ich bin Scheherazade, die große Erzählerin. Ich bin die Muse und der Fluch des Dichters. Ich bin schön, und ich bin abstoßend. Man stopft mich voll mit Gedanken und Gefühlen wie eine sprechende Puppe, ohne dass ich etwas dazu beitrage. Und der Leser, der mich mit seinem Kerzenleuchter schon nicht sehr deutlich sieht, der den Romanschriftsteller mit seinen Geschöpfen verwechselt, macht sich wieder daran, nach dem Schlüssel zum Roman zu suchen, ein Schlüssel, der die Tür zum Leben des Autors und seinen Figuren öffnen würde. Und obwohl der Romanschriftsteller beteuert, dass »jegliche Ähnlichkeiten zufällig seien«, sucht man weiter, wird fündig … Man will um jeden Preis, dass es lebende Vorbilder gegeben habe, dabei bedeutet das Schreiben eines Romans meiner Meinung nach Erfindung und nicht Nachahmung. Nicht unter den Romanfiguren hat man den Schöpfer zu suchen, sondern in der Art seiner Schöpfung. [...] Einen unschuldigen Leser zu finden... Ohne dieses verabscheuungswürdige a priori, das ihn zu einem Untersuchungsrichter, einem Privatdetektiv oder Gutachter macht, der den Autor auf frischer Tat zu ertappen versucht, um die Richtigkeit seines a priori zu beweisen. [...] Es gibt den Leser, der mich versteht und der mich schätzt. Und ich gehe weiterhin zu meinem rendez-vous d'amour *mit ihm.*

Die Einfachheit ihrer Sprache und die Klarheit ihres Stils, in der zeitgenössischen Kritik oftmals als Vorwurf formuliert, stand dabei in einer Zeit, in der die ›komplizierte‹ Form favorisiert und die einfache Sprache manch eines heute als Klassiker geltenden Autors gar belächelt wurde, ihrer vorbehaltlosen Anerkennung als Autorin bisweilen entgegen. Elsa Triolet hat ihren Stil jedoch stets als von ihr bewußt eingesetztes Mittel verteidigt, ging es ihr doch in erster Linie darum, sich möglichst vielen LeserInnen verständlich zu machen.

Auch heute noch finden ihre Geschichten – alte wie neue – LeserInnen, die die Zeitlosigkeit ihrer Themen und ihrer Sprache zu schätzen wissen. Der Connaisseur, der sich im Leben und Werk Elsa Triolets bereits auskennt, mag dieses Buch als ein Album lesen, mit dessen Hilfe er sich manch eine literarische Begegnung in Erinnerung rufen oder sogar bisher Unbekanntes entdecken kann. Für diejenigen, die Elsa Triolet, ihre Romane und Erzählungen erst noch entdecken wollen, soll dieses Buch als eine Art Amuse-gueule vor allem aber auch Lust machen auf mehr.

»Ich bin die Muse und der Fluch des Dichters.«

Elsa Triolet

Elsa Triolet über das Glück

»*Du warst das* Und danach *meines ganzen Lebens. Von dem* Und davor *blieb nichts zurück. Die Schlaflosigkeit der Liebe. Stets bangen müssen. Das ist es, was man mit einem Wort umschreibt. Glück. Wie schnell das dahingesprochen ist! Glück, das ist die tödliche Furcht, die es in sich trägt.*«

Louis Aragon

Ich liebe es, glücklich zu sein … Mit einem Mann, der einem noch nichts bedeutet, zusammenzusein, mit allem, was dazu gehört, Musik, Alkohol, kurz davor, die Grenze zu überschreiten, wie auf einer Nadelspitze, ein Versprechen und man schwillt an, schwillt an vor Freude über das, was ist, über das, was sein wird, und gern würde man einen ganz langen Schmerzensschrei ausstoßen, weil es schließlich ein Ende haben muss. Wenn ich glücklich bin, ganz gleich aus welchem Grund, habe ich immer das Gefühl, auf warmen, seidenweichen Wellen zu schaukeln.

Zur Zeit der Surrealisten wollte ich wie alle ein »erotisches Objekt« anfertigen. Es sollte ein Aquarium sein (ich hatte nie das Geld, um es zu kaufen), das Wasser darin sollte blau und warm sein, fast heiß (das hätte nur ich gewusst), im Wasser rosafarbene, perlmutterne Muscheln, der umgekippte Kopf einer Puppe mit geschlossenen Augen, langen Haaren, … Dann, außerhalb des Aquariums eine Tür: der Warteraum. Und sehen Sie, dieses erotische Objekt ist zugleich ein Bild des Glücks. Und dann in der Mitte, wie schrecklich: ein Pissoir, Männerschuhe, die unten zu sehen sind… Ein blinkender Schriftzug – Hotel, Licht an, Licht aus… Das ist das Grauen. Ach die Männer mit ihren zwischen den Beinen zerknautschten Hosen, die sich beim Verlassen des Pissoirs die Hose zuknöpfen, diese Herren der Schöpfung… Wenn man bedenkt, dass es Frauen gibt, die gern Männer wären – die meisten. Meine Zartheit im Tausch gegen ihre Behaarung.

Die Frauen sind die Zukunft der Welt. Ihre Kraft ist noch nicht entdeckt, aber war denn der elektrische Strom schon immer bekannt? Sie wird noch Berge versetzen, diese Kraft, diese Mischung aus Instinkt und Energie, die ganz und gar Hexerei ist, weil sie noch niemand versteht. Keine Amazonen, Frauen, wie man sie sich frau-

licher kaum vorstellen kann, mit Brüsten, langen Haaren, empfindlich, sanft... und stark.

Ich war wahnsinnig glücklich in meinem Leben. Mein Glück
wäre einem anderen vielleicht armselig erschienen, aber es war
mein Glück. Sie wissen genau, dass man großes Unglück ertragen
und sich wegen eines fehlgeleiteten Briefes umbringen
kann. Das gleiche gilt für das Glück: das wahre,
das große Glück – bemerkt man kaum, und über
einen schönen Frühlingsabend, an dem nichts
geschieht, ist man vor Glück ganz außer sich.
Und ich würde es nicht wagen, meine Glücks-
momente irgendeinem Menschen zu gestehen.

Ich könnte Ihnen Geschichten über das
Glück erzählen, große Liebesgeschichten und,
beinahe hätte ich gesagt, Kriminalgeschich-
ten. Ich könnte Ihnen sehr intime Dinge ohne
jegliche Scham erzählen, aber ich schäme
mich der tatsächlichen Armseligkeit meines
Glücks, dieser Körner, die niemals keimten
in einem langen Leben, in dem mir Erfolg
und glückliche Zufälle beschieden waren
und alles andere, was man braucht, um
glücklich zu sein, mit Ausnahme des
Glücks.

aus: Elsa Triolet, *Écrits intimes*

19

Die Familie Kagan im Jahr 1905.

Russische Kindheit oder Heimweh

Am 12. September 1896 kommt in Moskau die zweite Tochter der jüdischen Familie Kagan zur Welt. Die Eltern nennen sie Ella, aber schon bald erhält sie den Kosenamen Walderdbeere – vermutlich wegen ihres rundlich-rosigen Gesichts. Den Vornamen Elsa, unter dem sie später bekannt wird, gibt sie sich irgendwann selbst.

Obwohl es im Moskau der Jahrhundertwende brodelt, verlebt Elsa friedliche, geradezu idyllische Kinderjahre. In den gebildeten bürgerlichen Kreisen ist man sich durchaus bewusst, dass es sich nur um die Ruhe vor dem Sturm handeln kann. Die Kluft zwischen der herrschenden Oberschicht (Adel, Bürokratie und Großgrundbesitzer) und den unteren sozialen Schichten ist in Russland gegen Ende des 19. Jahrhunderts so tief wie in keinem anderen europäischen Land. Das zaristische Regime klammert sich verzweifelt an seine Macht, regiert wird – wie seit Jahrhunderten üblich – autokratisch und zunehmend mit staatlicher Gewalt. Eine Gesellschaftsveränderung aber scheint unaufhaltsam. Das Bürgertum ist unzufrieden und tritt somit den sozialistischen und revolutionären Gruppen, die sich allmählich formieren, durchaus aufgeschlossen gegenüber. Elsa ist acht Jahre alt, als der Zar am 22. Januar 1905, dem Tag, der als »Blutiger Sonntag« in die Geschichte eingeht, mit Hilfe des Militärs brutal gegen die demonstrierenden Massen vorgeht. Unter den 166 Toten ist auch ein siebzehnjähriger Junge aus dem Bekanntenkreis der Kagans.

Die Eltern machen aus ihrer kritischen Haltung gegenüber dem zaristischen Regime keinen Hehl. Dennoch wird das Familienleben im Hause Kagan weniger von politischen Diskussionen als von den musischen Interessen der Eltern geprägt. Die Mutter Helena Jurjewna Kagan ist eine ausgezeichnete Pianistin, die auch selbst komponiert und dichtet. Sie widmet einen großen Teil ihrer Zeit der Musik. Gelegentlich veranstaltet sie Hausmusikabende, an denen sie ihre vertonten Verse

»In unserem Hause wurde viel musiziert. Die Wände, Fensterscheiben, Möbel waren mit Tönen durchtränkt, gesättigt, beschwert. [...] Meine ganze Kindheit schlief ich bei Musik ein. Meine Mutter wartete, bis alle schlafen gegangen waren, und spielte dann leise und komponierte. Das war damals mein Radio. Musik gehörte für mich zum Leben wie frisches Wasser, das man erst achtet, wenn keins da ist«.

Elsa Triolet

21

Gestern dachte ich den ganzen Tag lang an meine Amme Stioscha. Ich denke so dahin und setzte mich in die falsche Straßenbahn und weine. Ich habe mit Stioscha größere Ähnlichkeit als mit Mama. Stioscha ist weiß und rosig, korpulent, lacht immerzu, nimmt nichts übel und liebt die Männer. Deshalb war sie wiederholt Amme. Jedes Mal, bevor sie ihren Säugling ins Heim brachte, kam sie zu Papa; sie hatte kein Geld. Papa schimpfte sie aus, weil sie von dem Schuft kein Geld genommen hatte. »Gott sei mit ihm, gnädiger Herr!« Mich liebt sie wie ihre eigene Tochter. Als ich zwei Monate alt war, fütterte sie mich mit Kohlsuppe; ein anderes Mal vergiftete sie mich, als sie sich selber mit Kirschkernen vollgegessen hatte – von der Konfitüre, die wir auf der Datscha kochten. Als ich herangewachsen war, kam sie zu mir mit Geschenken, stand da und redete mich mit »Sie« an; als die Leute fort waren, setzte sie sich zu mir an den Teetisch und sagte »du«. Als ich erwachsen war, kam ich hinter ihre Leichtlebigkeit. »Bei meiner Gnädigen wohnt eine Freundin. Ich begreife die zwei nicht: die reinsten Nonnen!« Und lacht selber und ist ganz warm, und riecht nach Stioscha wie ihre Holztruhe, wenn man den Deckel lüpft: nach Kattun und nach Äpfeln. Sie hat eine Himmelfahrtsnase und schlaue Augen.

aus: Viktor Šklovskij, *Zoo oder Briefe nicht über die Liebe*

»Ich habe mit Stioscha größere Ähnlichkeit als mit Mama. Stioscha ist weiß und rosig, korpulent, lacht immerzu, nimmt nichts übel und liebt die Männer.«

Elsa Triolet

vorträgt. In der Wohnung gibt es zwei Flügel, an den Wänden hängen Bilder berühmter Komponisten. Die Arbeit im Haus wird von Angestellten übernommen. Köchin und Kindermädchen sind für die Kinder wichtige Bezugspersonen, die ihnen Wärme und Geborgenheit vermitteln.

Das Verhältnis Elsas zu ihrer Mutter wird häufig als ambivalent geschildert. In den fünf Jahren, die zwischen Elsa und ihrer älteren Schwester Lilja liegen, hatte die Mutter eine Fehlgeburt erlitten, und danach – wie Lilja es später einschätzte – all ihre Liebe auf die ältere Tochter fixiert und sie maßlos verwöhnt. Elsa fühlt sich zurückgesetzt und reagiert in typisch kindlicher Manier immer wieder mit der Drohung wegzulaufen. *Keiner liebt mich* ist auch das vorherrschende Thema ihres Tagebuches und wird später Titel einer ihrer Romane sein.

Durch die im Baltikum geborene Mutter, die Deutsch ebenso fließend spricht wie Russisch, und das französische Kindermädchen ist es den Kindern schon recht früh möglich, Literatur auch in anderen europäischen Sprachen zu lesen. Ihr Interesse für fremde Sprachen und Kulturen führt sie auf gemeinsame Reisen mit der Mutter nach Bayreuth, Venedig, Berlin und Paris.

Der Vater Jurij Alexandrowitsch Kagan, als Jude im Ghetto aufgewachsen, hatte es geschafft, sich als juristischer Beistand von Musikern und Schauspielern einen Namen zu machen. Seinen Töchtern vermittelt er weniger religiöse Grundsätze als vielmehr die Liebe zu Literatur und Philosophie. Die Kinder bedienen sich schon früh in der hauseigenen Bibliothek, auch wenn sie nicht immer die Bände wählen, die ihren Eltern als ihrem Alter angemessen erscheinen. Zum dreizehnten Geburtstag wünscht sich Elsa sehnsüchtig ein Buch von Tschechow und bekommt eine Gesamtausgabe geschenkt, die aus zehn bis zwölf Bänden besteht. Überglücklich kann sie schon bald anhand eines einzelnen Satzes angeben, aus welchem Buch er stammt. Die Geschichten werden ihr so vertraut, dass sie später, als sie

»Ich liebte Gedichte. In dem Alter, in dem andere mit Puppen zu Bett gehen, schleppte ich zwei dicke Bände mit mir: Lermontow und Puschkin [...] Später überschlug ich dann leichtfertig und hochnäsig die sogenannten ›Dekadenten‹ und geriet, ohne Schaden zu nehmen, an die Symbolisten: Brjussow, Balmont, Block ... Ich fand, das glitt so angenehm dahin, ohne anzuecken, wie auf Schlittschuhen ...
In meiner Generation waren die Symbolisten bereits anerkannt, man dachte nicht daran, einander ihretwegen in die Haare zu geraten, sie waren zugelassen und in Ehren eingegliedert.«

Elsa Triolet

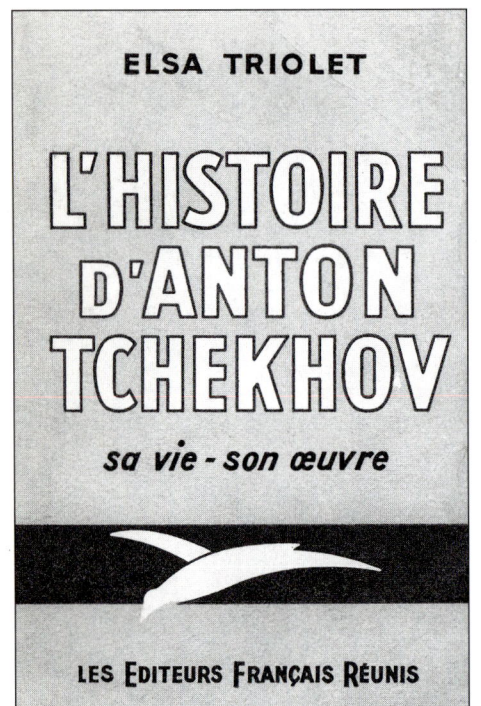

Elsa Triolet über ihre Tschechow-Biografie

Über einen ausländischen Schriftsteller zu sprechen, dessen Name berühmt, dessen Werk jedoch [...] wenig bekannt ist, ist so, als spräche man mit einem von Geburt an Blinden über Farben. [...]

Wie kann man über einen ausländischen Schriftsteller sprechen, der seit fünfzig Jahren tot ist, wo es doch schon schwierig ist, über einen lebenden Schriftsteller mit Menschen zu sprechen, die seine Sprache verstehen. [...] Man braucht nur die Biografien unserer Zeitgenossen zu lesen, und zwar derjenigen, die man persönlich gekannt hat, um zu erkennen, was künstlerische Erfindungsgabe, falsche Informationen und Böswilligkeit aus einem Menschen und seinem Leben machen können! Jede Biografie, die über die strikte Wiedergabe von Tatsachen hinausgeht, ist notwendigerweise romanhaft. Um mir Anton Pawlowitsch als lebenden Menschen vorzustellen, für Sie vorzustellen, kann ich nur versuchen, sein Werk den vorhandenen biografischen Fakten gegenüberzustellen. Es ist dieser Aspekt seines Lebens, der für uns, seine Leser, von Bedeutung ist; was die Farbe seiner Augen betrifft [...] waren sie nun braun, blau oder grau, wie kann man das wissen? Alle drei Farben finden sich in den Beschreibungen seiner Zeitgenossen. Nichts ist verbürgt, mit Ausnahme des Werkes, das vor uns liegt und für seinen Schöpfer Zeugnis ablegt.

aus: Elsa Triolet, *L'histoire d'Anton Tchékhov.*

Tschechow dem literarisch interessierten Publikum ihrer Wahlheimat Frankreich in einer Biografie vorstellt, davon spricht, mitunter selbst nicht mehr die Grenze zwischen den Menschen aus ihren eigenen Erinnerungen und den Personen aus Tschechows Erzählungen ziehen zu können. Das Interesse an diesem Erzähler ist dauerhaft. In Paris übersetzt sie später seine Theaterstücke ins Französische und lässt es sich nicht nehmen, bei den Uraufführungen zusammen mit Louis Aragon in der ersten Reihe zu sitzen.

Trotz der antisemitischen Grundstimmung im zaristischen Russland wachsen die Kinder der jüdischen Intelligenzija sorglos und behütet auf. In Moskau ist es Juden möglich, relativ unbehelligt zu leben. Die Kinder wissen zwar, dass sie aufgrund ihrer Religionszugehörigkeit eigentlich in ständiger Angst vor Pogromen leben müssen, aber diese Angst ist eher abstrakt. Praktische Religionsausübung oder gar Zionismus sind ihnen fremd. Die Eltern sind Atheisten, die die christlichen Feste ebenso feiern wie die russische Bourgeoisie, in deren Kreisen sie verkehren. Und doch bemerken die Kinder vereinzelt ihr »Anderssein«, zumeist an der Reaktion neuer Spielkameraden oder Bekanntschaften. Auch besteht für Juden im zaristischen Russland ein Numerus Clausus, der sie zu ständigen Bestleistungen zwingt. Elsa Triolet stuft ihre Eltern im Nachhinein als brav und bürgerlich ein, aber sicherlich ist es ihre eher weltoffene und kritische Grundeinstellung, die sich auf die Kinder überträgt und ihnen den Mut zu avantgardistischem bzw. revolutionärem Gedankengut eingibt.

Elsa und Lilja genießen eine alle Bereiche umfassende Ausbildung. Elsa ist eine gute Schülerin, die ungemein ehrgeizig ist und in jedem Fach die Beste sein will. Neben der Schule nimmt sie zusätzlich Unterricht in Musik und Malerei. Zusammen mit ihrem Jugendfreund Roman Jakobson entwickelt sie schon früh ein besonderes Interesse für französische Sprache und Literatur.

Elsa im Alter von 9 Jahren.

»Hätte ich Tschechow nicht gelesen, so hätte sich mir erst später eine Welt eröffnet. Und diese Welt wäre nicht dieselbe gewesen«.

Elsa Triolet

Elsa Triolet: Fraise-des-Bois (1926)

Fraise-des-Bois war lange unterwegs, mehr als ein Jahr. Auf dieser langen und weiten Reise sah sie viele Länder und viele Menschen. Ihr fiel auf, dass Menschen und Gegenstände keine Zeichnungen waren, sondern drei Dimensionen besaßen, dass man um sie herumgehen und an ihnen eine unermesslich große Zahl von Eigenschaften jeglicher Art entdecken konnte.

Aber über Berge und Täler trug Fraise-des-Bois das unverändert lebendige Bild Moskaus mit sich. Und nach dem verschlungenen und verwinkelten Moskau, wo ihr jeder Pflasterstein so vertraut war wie die Spuren in Dunjas schmalem Gesicht, erschien Fraise-des-Bois Paris so wunderbar und prachtvoll, dass man hätte meinen können, es handle sich nicht um die Stadt Paris selbst, sondern um ihre Beschreibung. [...]

In ganz Paris gab es für Fraise-des-Bois jedoch nur eine einzige Straße und in dieser Straße ein einziges Haus, in diesem Haus ein einziges Fenster, vor dem Fenster eiserne Fensterläden; bei geöffneten Fensterläden waren kleine gelbe Vorhänge zu sehen.

Hinter dem Fenster lag ein großes Zimmer, an den Wänden, auf den Tischen und Stühlen, an der Decke, auf dem Kaminsims und den Lampen, überall Blumengirlanden und Röschen; auf dem Parkettboden ein hellblauer Teppich.

Hier sollte Fraise-des-Bois auf das Glück warten, das sie in Paris zu finden hoffte. Aber das Glück, so musste man annehmen, wartete irgendwo anders auf sie, denn in Paris war es nicht.

»Jawohl, in Paris möcht ich leben und sterben gäb's auf Erden, Moskau, nicht dich.«
Majakowskij

Elsa Triolet beschreibt ihre Kinderzeit später in ihrem autobiografischen Roman *Fraise-des-Bois* (Walderdbeere), der 1926 zunächst in russischer Sprache erscheint. Die aus der kindlichen Perspektive erzählten, zum Teil sehr lustigen und zugleich anrührenden Geschichten im ersten Teil des Buches führen dem Leser das Familienleben im Hause Kagan deutlich vor Augen. Im zweiten Teil des Buches geht Fraise-des-Bois, von ersten Liebesabenteuern enttäuscht, nach Paris. Die Einsamkeit der in Paris umherirrenden jungen Frau, die ständig auf der Suche nach etwas ist, das sie selbst kaum zu beschreiben vermag, kennen auch die späteren Heldinnen Elsa Triolets. Das Leben in der Fremde, die Tristesse des Hotelzimmers, die nicht ihrem Bildungsstand entsprechende Tätigkeit als Hausangestellte machen ihr das verlorene Paradies der Kindheit schmerzlich bewusst.

Viele Themen dieses frühen Buches – das Heimweh, die Sehnsucht nach dem Land der Kindheit, die Einsamkeit in der Fremde, die Suche nach dem Glück, die sich durch die Art der Kompromisslosigkeit als die Suche nach dem Absoluten erweist, sind Themen, die Elsa Triolet immer wieder aufgreift.

Fraise-des-Bois erschien zu ihren Lebzeiten nicht in französischer Sprache. Einzelne Passagen nahm sie jedoch als Traum- bzw. Erinnerungspassagen der Protagonistin ihres letzten Buches *Le Rossignol se tait à l'aube (Die Nachtigall verstummt im Morgengrauen)* wieder auf. Aragon ließ *Fraise-des-Bois* 1974, vier Jahre nach ihrem Tod, ins Französische übersetzen und den *Œuvres Romanesques Croisées d'Elsa Triolet et Aragon* beifügen, einer in seiner Art wohl einzigartigen gemeinsamen Gesamtausgabe des Schriftstellerpaares.

»Die französische Sprache verband Elsa und mich sehr. Wir hatten eine gemeinsame Französischlehrerin, Mademoiselle Dache. […] In unserer Beziehung gab es etwas, das mit Frankreich verknüpft war. Wenn wir Russisch sprachen, flochten Elsa und ich oft französische Sätze ein – niemand konnte ahnen, dass sie einmal eine französische Schriftstellerin und ich auf die eine oder andere Weise mit der französischen Wissenschaft verbunden sein würde. […] Ich muss sagen, dass wir uns […] stark an Frankreich orientierten, sowohl kulturell als auch literarisch und künstlerisch.«

Roman Jakobson

»Sie hatte den Kopf mit dem roten Haar zurückgeworfen, ließ zwischen breiten, geschminkten Lippen ihre prächtigen, starken Zähne sehen, ihre runden, braunen Augen funkelten aus ihrem Gesicht mit jenem beinahe aufdringlich erscheinenden Übermaß von Ausdruck, der bewirkt, dass sich, ob dieses Gesicht nun jung oder alt sei, ob es einen wunderbaren Teint habe oder Runzeln, alle im Vorübergehen nach ihm umsehen.«

Elsa Triolet über ihre Schwester Lilja

Zwei Schwestern oder Frauen

Neben der rothaarigen Schwester mit den haselnussbraunen Augen, dem sinnlichen Mund und der grazilen Figur kommt sich die rundliche Elsa mit den blau-grau-grünen Augen und den blonden Zöpfen hässlich und minderwertig vor. Lilja nimmt Tanzunterricht, gibt ihn aber nach kurzer Zeit wieder auf. Ihr fehlt der Ehrgeiz der Schwester, aber ihr scheint auch alles in den Schoß zu fallen. Die beiden Schwestern hängen sehr aneinander, auch wenn die Ältere bisweilen ihre Überlegenheit ausnutzt und ganz selbstverständlich den Ton angibt.

Liljas Ausstrahlung kann sich kaum jemand entziehen. Sie ist erst zwölf Jahre alt, als sich die ersten männlichen Verehrer einstellen, und vierzehn, als sie sich in den Mann verliebt, den sie mit zwanzig heiraten wird. Der vier Jahre ältere Ossip Brik leitet einen volkswirtschaftlichen Studienkreis, in dem er seine marxistisch geprägten Grundsätze weitergibt. Lilja ist begeistert – von der Revolution ebenso wie von dem Mann –, und zunächst scheint es, als bringe auch der ernsthafte junge Mann mit der Nickelbrille dem jungen Mädchen mehr als Sympathie entgegen. Dann aber ändert er plötzlich seine Meinung und macht ihr klar, dass ihm die Revolution erstrebenswerter erscheint als die Ehe. Lilja reagiert aufs Heftigste: die Haare fallen ihr aus und erstmalig erscheint ein nervöser Gesichtstick, der sich auch später in angespannten Situationen zeigen wird. Sie beendet ihre Schule, studiert zunächst Mathematik, gibt es nach einem Jahr wieder auf und schreibt sich an der Hochschule für Architektur, Bildhauerei und Malerei ein. Während ihres Studiums verbringt sie ein Jahr in München, wo sie sich so ausgiebig der Bildhauerei widmet, dass ihre Eltern bei einem Besuch voller Entsetzen über ihre zerschundenen Hände die sofortige Rückkehr nach Moskau veranlassen. Sie ist fast zwanzig, als Ossip sie doch um ihre Hand bittet. Sie zögert, doch er kann sie überreden.

Elsa (rechts) und ihre 5 Jahre ältere Schwester Lilja.

Die beiden Schwestern hängen sehr aneinander, auch wenn die Ältere bisweilen ihre Überlegenheit ausnutzt und ganz selbstverständlich den Ton angibt.

Elsa Triolet: Fraise-des-Bois (1926)

Ihre Schwester kehrte tief bewegt und voller Begeisterung aus dem Theater heim. Den ganzen Abend über bewegte sie sich sonderbar, zog Grimassen und sagte »Ritsch-ratsch«, was Fraise-des-Bois in Angst und Schrecken versetzte. So fing die ganze Geschichte an.

»Fraise-des-Bois, ich verbiete dir, meine Bücher anzufassen!« »Ich will aber.« »Ach, du willst also! Nun gut, dann werde ich dich verzaubern. Rr-rr-rr-aa-!« Fraise-des-Bois fasste nichts mehr an. Wochen und Monate vergingen. Das »Ratsch-Spiel« wuchs und gedieh, füllte das ganze Haus, quoll aus den Ritzen hervor. Es gab keinen Weg, ihm zu entkommen, sich zu verstecken. Dieses »Ratsch« war das Allerschrecklichste, was es gab, und durch dieses »Ratsch« war Fraise-des-Bois zur Sklavin geworden! Es bestand nicht einmal die Möglichkeit, sich bei Mama zu beschweren, so groß war die Angst vor dem »Ratsch«. Eine ausweglose Situation. Fraise-des-Bois wurde immer dünner, immer blasser. Ein einziges Mal hatte sie versucht, Liskas Macht in Frage zu stellen, denn tatsächlich hatte sie gar keinen Zauberstab, mit dem sie sie hätte verzaubern können, aber Liska wies sie sogleich zurecht: »Ach ja, ich hab keinen Zauberstab! Und das, was ist wohl das?«, und dabei riss sie aus der Puppenküche einen Pfosten heraus. Die Form des Holzstücks war so furchteinflößend, dass Fraise-des-Bois notgedrungen daran glauben musste. Aber Mama bemerkte schließlich, dass die oft traurige Fraise-des-Bois immer dünner wurde und nach einem besonders wirkungsvollen »Ratsch!« entlockte sie der am ganzen Körper zitternden Fraise-des-Bois ihr schreckliches Geheimnis. Liska bekam gehörig eins auf den Deckel.

Lilja und Elsa.

Am 26. Februar 1912 heiraten Ossip und Lilja im engsten Familienkreis und, den Eltern zuliebe, nach jüdischem Brauch.

Das erste Jahr ihrer Ehe mit Ossip Brik bezeichnet Lilja später als die einzig wirklich glückliche Zeit ihres Lebens. Die beiden lassen es sich gut gehen, was ihnen aufgrund der großzügigen Mitgift des Brautvaters, die sie einfach verleben, auch in materieller Hinsicht möglich ist. Ihrer marxistischen Grundeinstellung scheint das weder Abbruch zu tun noch zu widersprechen. Sie richten ihre Wohnung ein, reisen, wohin sie möchten, mieten teure Autos, gehen ins Theater oder zu Rennen. 1914 ziehen sie nach Petrograd, wo Ossip tagsüber seinen verschiedenen Aktivitäten nachgeht und Lilja sich derweil langweilt, weil sie noch niemanden in der Stadt kennt. Sie besucht häufig ihre Familie in Moskau, da ihr Vater an Krebs erkrankt ist. Aber sie fühlt sich zunehmend unausgefüllt, zumal sich das Verhältnis der Eheleute geändert hat. Sie sind nach wie vor Freunde – und werden es auch immer bleiben – ihre körperliche Beziehung ist jedoch bereits nach knapp zwei Jahren Ehe beendet. Ossip ist es, der ihr in aller Ruhe erklärt, für ihn sei die körperliche Anziehung nicht der wichtigste Faktor in ihrer Ehe und es sei ihm unmöglich, in einem Bett mit ihr zu schlafen. Zur theoretischen Untermauerung hat er auch gleich das passende Buch parat: »Was tun?« von Tschernyschewski, geschrieben 1862/63. Darin wird ein Modell der freien Liebe propagiert, dem er – wie viele seiner marxistischen Freunde – nacheifern will. Eine »revolutionäre Ehe« schwebt ihnen vor, in der Mann und Frau jegliche Freiheit zugestanden werden soll. Lilja ist mehr für die Praxis als für die Theorie. Nach einer Party verbringt sie die Nacht mit einem anderen Mann in einem Hotel, berichtet Ossip aber nach ihrer Rückkehr sogleich von ihrer »Dummheit«. Sein Kommentar: »Denk nicht mehr dran. Nimm einfach ein heißes Bad«. Ihr nervöser Gesichtstick tritt erneut auf.

Lilja und Ossip Brik, 1916.

Roman Jakobson über Lilja und Ossip Brik

Lilja Brik, 1924. (Foto Rodtschenko)

Mit Elsa war ich im Jahr 16 eng befreundet. Zu Lilja bekam ich erst Kontakt, als sich bei ihnen eine Art literarischer Zirkel – Salon wäre zuviel gesagt – zusammenfand. Es war eine relativ kleine Gruppe, im Grunde waren es Leute aus dem Umfeld von Osjas neuen Interessen. Ich weiß nicht einmal, auf welche Art und Weise Osja Formalist geworden war, warum er sich für Wiederholungen und dergleichen zu interessieren begann. Der »Sammelband zur Theorie der poetischen Sprache«, den ich bei Elsa gesehen hatte, erregte meine Bewunderung: Hier sind Leute, die tun, was getan werden muss! Wenn ich lange nicht da gewesen war, fragte ich zum Spaß: »Sagen Sie, worüber empfiehlt es sich jetzt bei den Briks zu sprechen und worüber nicht? Was gilt als der wahre Glaube und was als Aberglaube?« Bei ihnen herrschte immer eine ziemlich eindeutige Gesinnung, eine Art Dogmatismus.

Wenn ich allein in Petrograd war, wohnte ich bei den Briks. [...] Es war alles ungewöhnlich bohèmehaft. Den ganzen Tag war der Tisch gedeckt, es gab Wurst, Brot, wohl auch Käse, und ständig Tee. Der Samowar wurde gebracht. Wer sich unterhalten wollte, kam einfach vorbei. Es war einzigartig, ganz unvergleichlich. An den Wänden hingen interessante Bilder. Und über eine ganze Wand war ein riesiges Blatt Papier gespannt, auf das alle Gäste etwas für Lilja schrieben. Ich erinnere mich an eine Karikatur: Lilja, Osja sitzt und arbeitet. Und darunter stand: »Lilja kreist um Osja.»

aus: Roman Jakobson, *Meine futuristischen Jahre*

»Für Lilja begeisterten sich viele. [...] Ich kann nicht sagen, dass sie schön gewesen wäre, aber sie hatte etwas ganz Ungewöhnliches, Besonderes, angefangen bei der Farbe ihrer Haut und ihres Haars – sie war eine außerordentlich aparte Frau. Ich persönlich denke, außer Osja liebte sie niemanden.«

Roman Jakobson

Lilja hat später noch unzählige Affären, die sie oft rücksichtslos auslebt. Sie geht mit Majakowskij eine »legendäre« Liebesbeziehung ein und heiratet nach ihrer Scheidung von Ossip Brik noch andere Männer. Ihre uneingeschränkte Liebe und Leidenschaft gilt jedoch allein Ossip Brik.

Lilja Brik konnte keine Kinder bekommen. Wie so viele ihrer Altersgenossinnen und ebenso wie ihre Schwester Elsa hatte sie unter den Folgen einer verpfuschten Abtreibung zu leiden. Ihre Familie – das sind die vielen Freunde, darunter etliche Dichter, die sich alltäglich in der Wohnung der Briks einfinden. Lilja besitzt – wie Elsa – einen ausgeprägten Sinn für schöne Dinge, die nicht unbedingt wertvoll sein müssen. Sie kombiniert mit sicherem Geschmack Möbel, Stoffe, Gegenstände verschiedenster Art und schafft so in ihren Wohnungen eine Atmosphäre, die auf viele Freunde anziehend wirkt. Aber sie ist nicht nur für die Äußerlichkeiten zuständig. »Sie hatte ein untrügliches Gespür dafür, was in der Kunst heranreifte und zur Tendenz werden sollte.«[1] Eine Muse par excellence, die sich damit zufrieden gab, »Männer zu signieren wie sie Werke signiert hätte«[2]? Eine Frau, die das Leben über die Kunst stellte und deshalb selbst kein eigenes Œuvre hinterlassen hat? Talent soll sie jedenfalls gehabt haben. Sie fertigte nicht nur Skulpturen, sondern schrieb u.a. Essays über Kunst und Literatur, Theaterstücke und Drehbücher. Sie hinterließ Erinnerungen und Tagebücher, die zum Teil auch veröffentlicht wurden. Und schließlich arbeitete sie unermüdlich an Majakowskijs Gesammelten Werken.

Der kleine, eher unscheinbar aussehende Brillenträger Ossip Brik ist nicht nur Lilja ein interessanter Gesprächspartner, dessen scharfsichtiges Urteil über Literatur und Dichtung geschätzt wird. Bei aller Ruhe, die er ausstrahlt, ist er nicht ohne Humor. Er ist unglaublich belesen

»Und wenn Liljas Leidenschaft zu Ossip unerwidert geblieben ist, rührt nicht vielleicht daher die ganze Unrast ihres Lebens – die vielen Verehrer, die sie um den Finger wickeln konnte und bald erhörte, bald zurückwies, die wechselnden Bekanntschaften und Freundschaften, all die Zerstreuungen, Empfänge, Premieren, Vernissagen, Reisen, das Bedürfnis, immer dabei zu sein, immer die Erste zu sein, dieser ganze Strudel, in dem sie kreiste wie in einem unaufhörlichen Fest? Am Ende suchte sie darin ein Mittel, jene Leere auszufüllen, die nur ein Mensch hätte ausfüllen können – derjenige, der sie weniger liebte als sie ihn.«

Wassili Katanjan

Brief von Lilja an Ossip Brik vom 29. Oktober 1921

Der Schreibtisch von Lilja Brik.
Unten: Foto von Majakowskij. In der
Mitte: Foto von Elsa Triolet und Louis
Aragon, darüber ein Porträt von Ossip
Brik und eine Skulptur von Lilja,
beide von ihr selbst angefertigt.
Oben: Fotos von Lermontov, Aragon
und Majakowskij.

Mein Sonnenschein Mauz Osschen! Ich und Dich nicht mehr lieben?! Unsäglich liebe ich Dich!! Muss immerzu an Dich denken!

Dass Euch meine Kurierbriefe über Gai nicht erreichen, ist ja wirklich schlimm. Von nun an schreibe ich nur noch per Post.

London ist wieder ein Stück näher gerückt – Mutter hat sich dahintergeklemmt und hofft, dass es klappt. Anfangs war ich ganz niedergedrückt – sehnte mich furchtbar nach Dir und Wolodchen. Inzwischen habe ich mich nervlich erholt und haben sich Bekannte eingestellt. Abends ist um mich kein schlechteres Getümmel als in Moskau, so dass ich wieder etwas aufgelebt bin. Gehe meistens ins Kino oder in ein Lokal, mal mit diesen, mal mit jenen. Mein Zimmer im Hotel sieht wie eine möblierte Studentenbude auf der Bühne aus. Gut, dass das Öfchen jeden Tag tüchtig geheizt wird, es immer reichlich Heißwasser gibt, es die Sonnenseite und außerdem alles schön sauber ist.

Von Elsa kam ein langer, ausführlicher Brief, sie verträgt sich mit André sehr gut, nur lässt ihre Gesundheit zu wünschen übrig, fortwährend irgendwelche Behandlungen, obwohl sie nichts Ernstliches hat und der Arzt ihr sogar empfiehlt, ein Baby zu kriegen.

Habt Ihr das Päckchen, das ich der Delegation mitgab, schon erhalten? Passt auf, dass Ihr's nicht versäumt! Mutter hat Dir aus London Schuhe, Socken usw. geschickt – auch da pass auf!

Lies Wolodchen alles vor – möchte nicht zweimal dasselbe schreiben.

Ich liebe Dich, mein Schatz, mein süßes kleines Söhnchen, mein Püppchen! Wie könnte ich Dich vergessen!

Ich küsse inniglich alle Deine vier Pfötchen […].

Deine Mauz Lilja Brik

aus: Lilja Brik, *Schreib Verse für mich*

und befasst sich hauptsächlich mit Literaturtheorie. Er weiß, wie Verse gemacht sind, selbst schreibt er keine. Ossip Brik heiratet später noch einmal, wohnt aber weiter mit seiner ersten Frau Lilja – und Majakowskij – zusammen. Lilja wiederum heiratet nach Majakowskijs Tod einen General der Roten Armee, Vitali Markowitsch Primakow, der sechs Jahre später, 1937, zusammen mit anderen hohen Militärs hingerichtet wird. Auch Liljas Name steht auf der Todesliste. Stalin höchstpersönlich streicht ihn mit dem Vermerk: »Majakowskijs Frau«.[3] Mit dem Verlust ihres Mannes fängt Lilja zu trinken an. Nach all den Affären und den Beziehungen zu Brik und Majakowskij war er der erste Mann in ihrem Leben gewesen, mit dem sie die Liebe auch in physischer Hinsicht hatte genießen können. Ein Jahr später heiratet sie den Majakowskij-Biografen Wassili Katanjan, der für sie Frau und Kind verlässt, und bildet mit ihm und Brik wiederum eine Lebensgemeinschaft zu dritt. Ossip Brik stirbt 1945 an einem Herzinfarkt. Katanjan bleibt vierzig Jahre an ihrer Seite, bis zu ihrem Tod im Jahre 1978. Noch als Fünfundachtzigjährige soll sie eine Affäre mit einem 29-jährigen französischen Schriftsteller gehabt haben. Und ihre letzten Geburtstage feierte sie in großem Stil in Paris. Yves Saint-Laurent, der Lilja Brik erst als über Achtzigjährige kennen gelernt hatte und sie sehr verehrte, ließ ihr während ihres Aufenthaltes in Paris tagtäglich Kleider aus seiner Kollektion mit den passenden Accessoires in ihr Hotelzimmer bringen.

Nach einem Sturz ließ sie die Angst, für immer ans Bett gefesselt zu sein, nicht mehr los. Mit einer Überdosis Schlaftabletten setzte sie ihrem Leben im Jahr 1978 ein Ende. Ihrem Wunsch gemäß wurde ihre Asche verstreut, damit ihre Feinde sie nicht finden könnten.

Elsa hat bereits als junges Mädchen viele männliche Bewunderer, doch ebenso stark wie das Gefühl, nicht geliebt zu werden, ist ihre Überzeugung, selbst gar nicht zu solch einem Gefühl fähig zu sein.

»Lilja Brik liebt die kleinen Dinge, Ohrringe in Gestalt goldener Fliegen und altrussische Ohrgehänge, sie besitzt ein Perlengeflecht und ist behangen mit allem möglichen hübschen Plunder, natürlich sehr alt und der Menschheit wohlbekannt. Sie konnte melancholisch sein, fraulich, kapriziös, eingebildet, flatterhaft, unbeständig, verliebt, klug, alles mögliche. So stellte auch Shakespeare das Weib in der Komödie dar.«

Viktor Šklovskij

35

Lilja Brik in ihrer Wohnung in Moskau, 1976.

Ihrem Tagebuch, das später in ihren Roman *Fraise-des-Bois* einfließt, vertraut sie die ihrer Meinung nach eigenen Unzulänglichkeiten an und notiert jede Bemerkung, jede kleine Geste einer potentiellen Liebschaft. Sie ist misstrauisch und vermutet immer wieder, die jungen Männer sähen in ihr nur die – unvollkommene – Miniaturausgabe ihrer älteren Schwester. Elsas Grundstimmung ist melancholisch und sehnsuchtsvoll. Zwar ist sie grundsätzlich der Meinung, zur Liebe geboren zu sein, allerdings leidet sie darunter, dass ihr die Natur nicht den entsprechenden Körper mitgegeben habe. Sie glaubt, nur ihr Äußeres stünde der Verwirklichung all ihrer Träume im Weg.

Elsa Triolet beschreibt in ihren Geschichten mehrfach den Typus der auratischen Überfrau und stellt ihr die mit sich selbst hadernde Frau gegenüber. Doch mitunter ist auch den weniger attraktiven Frauen ein Erfolgserlebnis vergönnt. Fraise-des-Bois verhilft z.B. die Verkleidung anlässlich eines Maskenballs zu einem bis dahin vergeblich erhofften Erfolg, den sie ungemein genießt. (Auch Elsa Triolet trug bei Kostümfesten mehrfach das dort beschriebene Pierrot-Kostüm).

Auch in *La vie privée* treffen diese antipodischen Frauentypen, die schöne und die weniger attraktive, aber die Schönheit bewundernde Frau, aufeinander. Im Mittelpunkt der Geschichte, die im Frankreich der Besatzungszeit spielt, steht der vor dem Krieg in Paris erfolgreiche Maler Alexis Slavsky, der wegen einer jüdischen Großmutter gezwungen ist, sich im Süden Frankreichs zu verstecken. Die Besatzungszeit bedeutet für ihn in erster Linie eine Beeinträchtigung seines Alltags und seiner künstlerischen Arbeit. Der Krieg selbst mit seinen ungeheuerlichen Auswirkungen sowie die Möglichkeiten, sich diesem zu widersetzen, werden ihm erst allmählich bewusst. Unfähig, selbst seinen Alltag zu organisieren, ist er wie ein Kind auf die Hilfe seiner Frau Henriette angewiesen. Die Beschreibung Henriettes erinnert an Kiki, eine der berühmtesten Musen, die in den zwanziger Jahren zum

Vitali Primakow, mit dem Lilja Brik von 1931-1937 verheiratet war.

»Als Wolodja sich erschoss, starb Wolodja. Als Primakow erschossen wurde, starb er. Aber als Ossja starb, da bin ich gestorben!«
Lilja Brik

Elsa Triolet: Cahiers enterrés sous un pêcher (1943)

Elsa hat Angst, die jungen Männer sähen in ihr nur die – unvollkommene – Miniaturausgabe ihrer älteren Schwester.

Ich weiß nicht, zu welchem Zeitpunkt ich mir der Schönheit Odettes gewahr wurde [...] Ihre Haare waren immer noch rot, aber es war ein dunkles Rot, ihre runden Augen haselnussbraun. Sie besaß einen großen Mund mit perfekten Zähnen und einen schimmernden Teint, der aussah, als sei er von innen beleuchtet. Ihr Oberkörper war schmal, die Hüften wohlgerundet. Sie hatte lange Beine, sehr kleine Füße und sehr kleine Hände. Es gab nichts an ihr, was sie hätte verstecken müssen, sie hätte unbekleidet spazieren gehen können, jeder kleine Winkel ihres Körpers war entzückend. Übrigens ging sie gern vollkommen nackt spazieren, sie besaß keinerlei Schamgefühl. Später, als sie zu Bällen ging, sahen Mama und ich ihr voller Bewunderung dabei zu, wie sie sich ankleidete, in zarte Dessous schlüpfte, seidene Strümpfe befestigte, wie sie ihre Laméschuhe und ihr malvenfarbenes Kleid mit dem eckigen Ausschnitt anzog... Ich war sprachlos vor Bewunderung.

Mein Leben wäre ein Martyrium gewesen, hätte ich mir nicht aus einem Selbsterhaltungstrieb heraus jegliches Gefühl der Eifersucht für Odette versagt. Durch sie habe ich gelernt, dankbar zu bewundern, durch sie wurde mir das Glück zuteil, meine gesamte Kindheit hindurch die lebendige Schönheit vor Augen zu haben. Ich glaube, ich hätte nie die Freundin Elisabeths sein können, nie die Liebe unter Frauen kennenlernen können, wenn ich nicht durch Odettes Schule gegangen wäre.

lebenden Inventar der Cafés am Montparnasse gehörte und zur gleichen Zeit wie Elsa Triolet das Hotel Istria bewohnte.

Das Aussehen von Frauen beschreibt Elsa Triolet in ihren Geschichten detailliert. Dazu gehören die Farbe des Teints und die Körperhaltung, der Faltenwurf eines Kleides und die Art und Weise, lässig einen Pelz zu tragen. Bis ins hohe Alter bleiben Schönheit und Mode häufige Themen im Gespräch zwischen Elsa und ihrer Schwester, ebenso wie der Austausch über die neueste Literatur, über neue Filme und über sämtliche kulturellen Entwicklungen. Der umfangreiche Briefwechsel der Schwestern zeugt davon. Wer sich für die Pariser Schauplätze, an denen Mode und Schönheit zelebriert werden, begeistern kann, wird auch Elsa Triolets Schilderungen – wie z.B. die Beschreibung des Kaufhauses in *Fraise-des-Bois* oder die reportageartige Beschreibung der Haute Couture in *Colliers* – interessant finden. Vielleicht ist es die Pierrot-Erfahrung, der Erfolg ihrer Verkleidung, der sie so viel Wert auf eine gepflegte Erscheinung legen lässt. Auf Fotos sieht man Elsa Triolet jedenfalls durchweg perfekt gekleidet, mit Hut und Handtasche, oft mit einem Pelzmantel, die Haare stets mit einem falschen Zopf geschmückt, und mit Vorliebe trug sie einen kleinen Schleier vor dem Gesicht.

Das Interesse an Mode, ihr geradezu sinnliches Vergnügen an Stoffen und Materialien, verhilft Elsa Triolet später eine Zeit lang sogar zu einem Broterwerb. Sie arbeitet u.a. als Modejournalistin, und, zu Beginn der dreißiger Jahre, als erfolgreiche Schmuck-Designerin für die Haute Couture.

Elsa Triolet kennt die Frauen – und sie liebt sie. Ihre Frauengestalten sind vielschichtig und vielfältig. Sie sind gelangweilte Müßiggängerinnen ebenso wie beruflich erfolgreiche Intellektuelle, sensible Künstlerinnen oder frustrierte Ehefrauen, die aus ihrem Alltag auszubrechen versuchen. Sie zeigt ihre Schönheit und ihre Zweifel, ihre Liebe und ihre Verachtung, ihre Hoffnung und ihre Enttäuschung.

»Die Komplizenschaft zwischen der Autorin und ihren Heldinnen fand sich in der Realität zwischen ihr und den Frauen wieder, denen sie begegnete, und den Frauen, die das Glück hatten, zu ihren Vertrauten zu gehören. Elsa liebte Frauen, die sich verwirklichen, sie nannte sie die »siegreichen« Frauen. Und in diesem Adjektiv lag Bewunderung, niemals Neid. [...] Sie, die die Weiblichkeit selbst war, betrachtete ihre Geschlechtsgenossinnen mit einem männlichen Blick. Nichts erfreute sie mehr als die Schönheit einer Frau, und ich erinnere mich an ihre Rührung angesichts des jungen, hübschen Gesichts eines Mädchens.«

Madeleine Braun

Elsa Triolet: Das private Leben im Krieg oder Alexis Slavsky, Kunstmaler *(1945)*

Die Beschreibung Henriettes erinnert an Kiki, eine der berühmtesten Musen, die in den zwanziger Jahren zum lebenden Inventar der Cafés am Montparnasse gehörte und zur gleichen Zeit wie Elsa Triolet das Hotel Istria bewohnte.

Er lernte Henriette in Montparnasse kennen, wo sie bereits ein wenig herumgezogen war, dünn, hager, launenhaft und beischlafbereit. Sie war mit einem jungen Studenten von Toulouse gekommen und hatte rasch nachgegeben und Saint-Michel mit Montparnasse vertauscht. [...] Henriette stand Modell, arbeitete im Haushalt, schlief bei dem einen und anderen und wurde, man weiß nicht wie, eine der Attraktionen von Montparnasse. Ihre natürliche Sinnlichkeit, ihre Ursprünglichkeit, ihre heftige und entwaffnende Art machten aus ihr eine Art Naturgewalt, die ihre Umgebung bezauberte. Aber die Karriere dieser Berühmtheit war zu Ende an dem Tag, an dem sie Alexis begegnete: »Oh«, sagte sie, »ich bin so verliebt in diesen leichtsinnigen Gymnasiasten!« Alexis war mehr als zwanzig Jahre alt, aber jetzt, da Henriette es gesagt hatte, bemerkte jeder, dass er noch Tinte an den Fingern haben musste, zum Rauchen auf die Toilette gehen musste, dass er vor den Frauen Angst haben musste. Henriette versteifte sich darauf, Alexis vom ersten Tag an zu lieben, nur ihn zu lieben, nur für ihn zu leben, mit wilder Energie, mit ihrem ganzen ungesättigten Mutterinstinkt. Es war nicht ganz sicher, dass eine solche Hingabe für Alexis wünschenswert war, aber er empfing sie, und er missbrauchte sie. [...]

(Henriette und Alexis haben keine körperliche Beziehung mehr, sie leben *»wie Bruder und Schwester«*, **weil er** «ihren Geruch nicht *mehr mag»*). *Sie schliefen immer zusammen in demselben Bett, in der schwarzen Bettnische. Sie legten sich schweigend zu Bett, Alexis zur Wand gekehrt, Henriette zum Nachttisch. Er sagte »Entschuldigung«, wenn er Henriette zufällig anstieß, wie zu einer Dame in der Straßenbahn. [...]* (Alexis hat hin und wieder amouröse Abenteuer, die Henriette ihm großzügig zugesteht) *...wenn sie* *daran dachte, dass Alexis ihretwegen auf all die hübschen Frauen verzichten sollte, die er haben könnte, auf das Vergnügen verzichten sollte, das ihm wie allen anderen zustand, so kam sie sich vor wie eine Rabenmutter. Im Grunde war sie seiner sicher, ihrer selbst sehr sicher: Alexis konnte sie nicht entbehren. [...]* (Aber Henriette werden die Grenzen ihrer Großzügigkeit schmerzlich vor Augen geführt. Als Alexis die wunderschöne Catherine kennen lernt, ist zunächst Henriette diejenige, die sie überredet, ganz gegen ihre Prinzipien – *»eine anständige Frau schläft nicht mit einem verheirateten Mann«* – mit Alexis die Nacht zu verbringen. Henriette zieht sich diskret zurück und kehrt erst spät in der Nacht nach Hause zurück) *Als sie wiederkam, herrschte in dem Atelier eine tiefe nächtliche Stille. [...] Henriette zündete eine kleine Lampe an, die auf der Kommode stand; die Vorhänge vor der Bettnische waren zugezogen, ihr Bett auf dem Diwan gemacht. Henriette horchte: Nichts ... Sie zog sich aus, legte sich zu Bett, löschte das Licht ... Es wurde wieder still wie Wasser, das wieder regungslos wird, nachdem ein Stein hineingefallen ist. Nichts rührte sich, und Henriette rührte sich auch nicht mehr ... Sie tun, als ob sie tot wären, dachte sie, aber ich werde mich so ruhig verhalten, dass sie glauben, ich wäre eingeschlafen ... Sie ist also doch dageblieben! Sie hätte sich noch in der letzten Minute davonmachen können, mit ihren »Prinzipien«, du redest von Prinzipien! ... Eine Frau für Alexis wie nach Maß ... Körperlich ... Sie ist hinreißend ... Besonders heute Abend, welche Farben, welch ein Teint! Neben ihr erscheinen alle Frauen plump. Neben Alexis auch. Nicht, dass er gerade klein ist, er ist nicht klein, eher mittelgroß ... Sie sind alle beide schlank, leicht, Schmuckstücke ... Neben ihr hat man das Gefühl, man hätte Beine wie ein Elefant. – Henriette fühlte das Gewicht ihres robusten, kräftigen Körpers auf den kaputten Federn des Diwans ... – Sie rührten sich nicht ... Was schrecklich dabei ist, ist gerade die Tatsache, dass*

»Ich sprach von etwas, das ich gut kannte, deswegen brauchte ich keine ›Dokumentation‹. Meine Personen waren Intellektuelle. Man möge sich nicht täuschen: Ich erhob gegen Alexis Slavsky und Menschen seiner Art keine Anklage, selbst wenn ich feststelle, dass der Krieg, die Besatzungszeit für diesen Maler nichts anderes bedeutet als ein Zustand, der ihn am Malen hindert. So war Henri Matisse, den ich so hoch schätze, für den Fall einer Bombardierung nur besorgt, dass seine Bilder vielleicht gefährdet seien, und er überlegte, wie er sie schützen könnte.«

Elsa Triolet

... dass sie so gut zusammenpassen ... Kann ich Alexis eine Frau verweigern, die für ihn geschaffen ist ... Kinder von Alexis und Cathie ... »Kinder der Liebe!« *brachte sie hervor, indem sie die Lippen bewegte, ohne dass ein Ton herauskam, und sie hielt die Tränen zurück, die schon den Rand der Lider erreicht hatten – warum weine ich? Habe ich mir zuviel zugemutet? [...] was würde aus Alexis mit diesem Luxusartikel, wenn er mich nicht hätte, dachte sie und schluckte ihre Tränen hinunter. – Er kommt ohne mich nicht zurecht [...] Alexis wird sich schneller von ihr lösen, wenn er mit ihr schläft, als wenn der Köder unberührt bleibt ... – Sie stellte sich Cathie ganz nackt vor: Das ist das Aufregende an der Geschichte ... Viel zu aufregend! Habe ich mir zuviel zugemutet? Warum hört man nichts? Sie sind doch da, sie sind doch nicht fortgegangen? Ich bin sicher, dass sie geblieben ist ... Keine Frau kann ihm widerstehen, er ist schön, intelligent, genial ... Cathie braucht nur bei uns zu wohnen. Ich kenne das, ich kenne Alexis, Cathie hat das Zeug nicht, auf ihn aufzupassen, sie ist ein bezauberndes kleines Biest ohne Bedeutung ... Was ist das! Sie reden! [...]* »Ich habe dich lieb, Cathie, ich liebe dich! Ich habe das noch nie erlebt, ich habe nicht gewusst, dass es so etwas gibt! Schwöre mir, schwör mir, dass du mich nie verlassen wirst, nie, nie ... Das ganze Leben, hörst du, das ganze Leben ...« »Alexis, was wird aus uns?« *Das große, schwarze Schweigen breitete sich wie ein Trauerschleier über Henriette, die auf dem Diwan in Ohnmacht gefallen ist. Sie hatte sich zuviel zugemutet.*

Auf Fotos sieht man Elsa Triolet fast immer perfekt gekleidet, mit Hut, Handtasche, oft mit einem Pelzmantel, die Haare stets mit einem falschen Zopf geschmückt …

Elsa Triolet, Tagebucheintrag vom 28. August 1913

Schade, dass ich zu der Zeit, als ich so viel empfunden habe und so viel ertragen musste, nichts aufgeschrieben habe. Ich glaube, so wird es immer sein: In diesen Momenten hat man dazu einfach keine Lust. Ich bin sehr gereift in diesem Sommer.

Ich vergesse nicht, dass es Momente gab, da mich unaufhörlich die Vorstellung quälte, niemals lieben zu können. Es ist wahr, aber es quält mich nicht mehr. Wie könnte ich jemanden lieben, wo mir doch alle gleich sind? Sie können mir alle gestohlen werden. [Im Original in Deutsch – A.d.Ü.] Alle meine Sinne sind tot, ebenso meine Sinnlichkeit, oder vielmehr abgestumpft. Nur meine Eigenliebe ist noch genauso stark wie vorher. Alles, was ich schreibe, kommt aus der Tiefe meines Herzens, es ist das, was mich derzeit beschäftigt, und ich muss später in der Lage sein, es aufmerksam zu lesen.

Ich hätte als große Schönheit auf die Welt kommen sollen. Ich glaube, dass ich dann nicht viel Geld gebraucht hätte, d.h. nicht, dass ich es nicht gebraucht hätte, aber ich wäre wie Lili gewesen, ich hätte nicht davon geträumt. Das einzige, was mir Zufriedenheit verschaffen könnte, wäre die Bewunderung durch andere. Ohne Furcht Eroberungen machen zu können, mich der Liebe, die man mir entgegenbringt, völlig hingeben zu können. Ich habe nichts mit den Leuten zu schaffen, aber ich interessiere mich entsetzlich für die Meinung, die sie sich über mich bilden, auch für die Meinung der Frauen.

aus: Elsa Triolet, *Écrits intimes*

So lässt Elsa Triolet ihre Leser teilhaben an den Konflikten ihrer Geschlechtsgenossinnen. Beim Lesen der inneren Monologe ist man augenblicklich, wie ihre Schwester es einmal ausdrückte, »mitten im Schmerz« der jeweiligen Figur.

Dem schweren Thema Liebe nähert sie sich in wunderschönen, leichten, oft bitter-süßen Geschichten. Es ist die Suche nach der großen, der einmaligen Liebe, der *amour fou,* die Elsa Triolets Heldinnen, so unterschiedlich sie auch sind, vereint. Mitunter ist es ihnen vergönnt, diese Liebe tatsächlich zu finden, aber nur selten ist das Glück auch von Dauer. Die dargestellte Brüchigkeit der Beziehungen zwischen Männern und Frauen führt jedoch nicht etwa zu einer generellen Ablehnung bzw. Infragestellung solcher Verbindungen. Es scheint nicht die Rolle der Frau zu sein, die Elsa Triolet vorrangig interessiert, es ist nicht die Forderung nach zusätzlichen Rechten gegenüber dem Mann, die sie formuliert. Es ist vielmehr die Frage nach der Möglichkeit einer Paarbeziehung, die Frage nach der Möglichkeit einer lebbaren Liebe angesichts zeitgeschichtlicher Umstände (Krieg, atomare Bedrohung, Fremdenhass, Konsumzwang etc.), die dieser Liebe entgegenstehen. Letztendlich ist es die Vergeblichkeit der Einflussnahme auf das eigene Schicksal, die Abhängigkeit jedes Einzelnen von gesellschaftlichen Zuständen, die sie immer wieder beschreibt.

... und mit Vorliebe trug sie einen kleinen Schleier vor dem Gesicht.

»Von dem Geld hatte er sich eine zitronengelbe Bluse nähen lassen, die ihm bis über die Hüfte ging. Er trug sie ohne Gürtel und eine breite schwarze Krawatte dazu. Außerdem einen Zylinder, einen eleganten Überzieher und einen Spazierstock. So ließ er sich photographieren, und ich besitze heute noch eine Postkarte mit der Unterschrift: Der Futurist Wladimir Majakowskij.«

Elsa Triolet

Majakowskij, 1914.

Wladimir Majakowskij oder Keiner liebt mich

Elsa Triolet ist noch ein Schulmädchen, als sie eines Tages bei Freunden Majakowskij begegnet, der sie allein aufgrund seiner äußeren Erscheinung beeindruckt.[1] Elsa hat sogar etwas Angst vor diesem fast zwei Meter großen, ziemlich unverschämt auftretenden jungen Mann, der so ganz anders ist als die, die sie bisher kennen gelernt hat.

Obwohl nur drei Jahre älter als sie, hat Wladimir Majakowskij bereits – ganz im Gegensatz zu ihrer idyllischen Kindheit – eine bewegte Zeit hinter sich. Er wurde am 19. Juli 1893 in dem georgischen Dorf Bagdadi, das seit 1940 Majakowski heißt, als Sohn eines Forstmeisters geboren. Er hat zwei ältere Schwestern, Olga und Ludmila. Ludmila, die in Moskau studiert, bringt ihren kleinen Bruder bei ihren Besuchen im Elternhaus erstmals mit revolutionären Parolen in Berührung. Der frühe Tod des Vaters im Jahr 1906 – er stirbt an den Folgen eines kleinen Nadelstichs – hinterlässt bei ihm eine lebenslange Angst vor Infektionen. Aus Angst vor Ansteckung soll er später in Paris sogar seinen Kaffee stets mit einem mitgebrachten Strohhalm getrunken haben. Nach dem Tod des Vaters übersiedelt er mit der Mutter nach Moskau, wo Mutter und Sohn nunmehr in ärmlichen Verhältnissen leben. Da das Schulgeld nicht mehr gezahlt werden kann, muss er das Gymnasium verlassen. Bald danach folgt die erste Verhaftung wegen subversiver Tätigkeiten. Beim ersten Mal schützt ihn noch seine Jugend. Er ist immer noch minderjährig, als er für längere Zeit ins Gefängnis muss, weil er – zusammen mit seiner Mutter und seinen Schwestern – weiblichen politischen Gefangenen zur Flucht verholfen hatte. Er nutzt die elf Monate Gefängnisaufenthalt, um sich weiterzubilden, liest viel, zeichnet und malt. Nach der Entlassung studiert er Malerei und trifft auf David Burljuk, der ihm ein Freund fürs Leben wird. Burljuk ist es auch, der ihn zum Dichten drängt. Zusammen mit Velemir Chlebnikow starten Burljuk und Majakowskij mit ihrer Lyrik-

»In Majakowskij war eine unbändige Liebe zum Leben, zu allen seinen Erscheinungen – zur Revolution, zur Kunst, zur Arbeit, zu mir, zu den Frauen, zum Glücksspiel, zur Luft, die er atmete. Seine unwahrscheinliche Energie räumte alle Hindernisse beiseite … Doch er wusste, eines würde er nicht ›beiseite räumen‹ – das Alter, und er sah ihm von Jugend an mit krankhafter Angst entgegen.«

Lilja Brik

Elsa Triolet über Majakowskij

Majakowskij, 1910.

In dieser Aufmachung erschien er bei mir, bei meinen braven bürgerlichen Eltern. Ich erinnere mich nicht mehr der Einzelheiten dieses Abends, nur dass unser Mädchen wie erschlagen dastand. Ich war noch keine sechzehn Jahre alt, aber ich zeigte meinen Eltern soviel gelassene Unbekümmertheit darüber, ob nun mein Freund Majakowskij eine außergewöhnliche Erscheinung sei oder nicht, dass sie mich schließlich in Ruhe ließen und Majakowskij mehr oder weniger in die Familie aufgenommen wurde: man behielt ihn zum Essen da und erlaubte ihm, bei mir zu zeichnen, womit er damals seinen Lebensunterhalt verdiente. Er kam fast täglich, war zu meiner Mutter von einer entwaffnenden, äußerst aristokratischen Höflichkeit, äußerte in Gegenwart meines Vaters nur das strikt Notwendige und erreichte beinahe, dass man über seine gelbe Bluse hinwegsah. […]

In den Häusern, die nachts geschlossen wurden, musste der Pförtner, um jemanden hinauszulassen, aufstehen. Aufstehen – das hieß das warme Bett verlassen, wenn im Winter durch die geöffnete Tür eisige Kälte von draußen einbricht und die Hand auf der metallenen Klinke festfriert. Unter diesen Umständen ist ein Trinkgeld einfach unumgänglich. Aber oft besaß Majakowskij weder zwanzig noch zehn Kopeken. Ich wollte sie ihm geben und wurde dann Zeugin eines stillen inneren Kampfes: sollte er den Zornausbruch des Alten ertragen oder von einer Frau Geld nehmen? Erst nahm er das kleine Silberstück, dann legte er es auf den Tisch vor dem Spiegel zurück, nahm es wieder, legte es wieder hin … Schließlich ließ er es da, aber dazu gehörte immerhin Mut!

aus: Elsa Triolet, *Majakowskij*

Anthologie *Eine Ohrfeige dem öffentlichen Geschmack* eine Art Publikumsbeschimpfung, die mit den konservativen Literaturströmungen bricht und die Suche nach neuen Ausdrucksmitteln darstellt. Das gemeinsam verfasste Vorwort gilt als Manifest der sich nunmehr »Futuristen« nennenden Gruppe. Dichterlesungen der »Futuristen« enden nicht selten mit einer Prügelei.

Als Elsa Majakowskij kennen lernt, hat er gerade sein erstes Gedicht verkauft. Seinen Lebensunterhalt verdient er sich jedoch mit zeichnen, wozu er sich fast täglich im Haus der Kagans einfindet. Ist es die familiäre Idylle, die anregende Atmosphäre, die er selbst in seiner Kindheit vermisste, oder ist es die fünfzehnjährige Elsa, deretwegen er so häufig kommt? Auch in ihren 1939 erstmalig in Frankreich erschienenen (und 1957 in deutscher Sprache veröffentlichten) Erinnerungen an Majakowskij bleibt Elsa Triolet in diesem Punkt vage. Zweifelsohne machte er ihr »den Hof«, aber über die Frage, wie weit diese Beziehung ging, stellen ihre Biografen bis heute Mutmaßungen an. Elsa Triolet bewahrte stets Diskretion, schließlich war Majakowskij zehn Jahre lang, von 1915 bis 1925, der Partner ihrer Schwester.

In der Geschichte *Cahiers enterrés sous un pêcher (Schulhefte, vergraben unter einem Pfirsichbaum)* erinnert sich die in Russland aufgewachsene französische Journalistin Louise Delfort an den Mann, in den sie sich mit dreizehn verliebt hat und der ihrer älteren Schwester Odette den Vorzug gab. Parallelen drängen sich auf. »Für die Dauer von zwei Jahren betraf jeder meiner Gedanken Wladimir«, heißt es dort. Und weiter: »Tatsächlich hat er mir alles über die Liebe beigebracht. Sogar die körperliche Liebe.« Es gibt Gerüchte, die besagen, Elsa habe in dieser Zeit die traumatische Erfahrung einer Abtreibung gemacht, die auch zu ihrer Kinderlosigkeit geführt habe. Sie selbst hat sich dazu nicht geäußert. Fest steht, dass Elsa und Majakowskij viel Zeit miteinander verbringen und Elsa von seinem »Genie« fasziniert ist. Sie beginnt, seine Gedichte zu rezitieren und gegen Kritiker zu vertei-

Die Gruppe der »Futuristen« im Jahr 1913. (Hinten rechts Majakowskij)

»*Wir hatten keine Zeit, uns mit der Theorie der Dichtkunst zu befassen, wir boten ihre Praxis.*«
Majakowskij

Elsa Triolet, **Cahiers enterrés sous un pêcher** *(1943)*

Wenn ich an Wladimir, meine erste Liebe, denke, so sehe ich ihn immer neben Odette in diesem herbstlichen Wald, und ich hatte einen solchen Sinn für die Realität, für den Platz, den ich in der Welt einnahm, dass ich niemals Eifersucht empfand. Im Alter von dreizehn, vierzehn Jahren weiß man am besten, was Liebe ist. Man muss den Mut des Unbewussten besitzen, um diese Steigerung zu ertragen, diese ständig ansteigende Linie… Der Vergleich ist abscheulich, aber ich kann nicht anders als wie verrückt an die Ausweglosigkeit meiner Situation zu denken. Und dennoch gibt es Augenblicke der Ruhe, während die Liebe, wie ich sie verstehe, die Liebe meines dreizehnten Lebensjahres […] keinen Sturz erträgt. Ich liebte Wladimir mit der frischen Kraft der Kindheit, die die vollständige Konzentration auf ein einziges Lebewesen ermöglicht, ohne Berechnung, ohne eine Gegenleistung zu erbitten, ohne dass man sein Unglück kennt, das in der ungeheuren Freude über seine Gegenwart untergeht, sich mit einer flüchtigen Erscheinung, dem Klang seiner Stimme zufriedengebend … Ohne Eifersucht, ohne Vorwürfe, ohne Forderungen, ohne Aufeinanderprallen der Charaktere, der Denkweisen, ohne Rivalen, ohne Rivalität, mit nur einem einzigen Kummer: seine Abwesenheit; mit nur einer einzigen Hoffnung: ihn zu sehen, zu hören! Für die Dauer von zwei Jahren betraf jeder meiner Gedanken Wladimir, ging ich nie fort, ohne die Möglichkeit, ihm zu begegnen, in Betracht zu ziehen, lebte ich nur im Hinblick auf ihn. Tatsächlich hat er mir alles über die Liebe beigebracht. Sogar die körperliche Liebe.

digen, die ihm seinen offensichtlichen Atheismus und Zynismus vorwerfen. Auch das ungewohnte Bild der Verse löst Befremden aus. Majakowskij will durch die neue Art der Zeilenbrechung bereits im Schriftbild auf die besondere Betonung aufmerksam machen. Stets wies er darauf hin, dass seine Verse laut gelesen werden müssen. Vor allem, wenn er selbst sie vortrug – er hatte eine warme, tiefe Bassstimme, mit der er seine Zuhörer in den Bann schlug – wurden seine Lesungen zu einem unvergesslichen Ereignis.

In der Zeit der gemeinsamen Spaziergänge mit Elsa entsteht sein berühmtes Gedicht »Wolke in Hosen«, das im Jahr darauf zunächst im Wohnzimmer der Briks und anschließend im ganzen Land Furore machen wird. Es ist »eine Synthese von Grobheit und Zärtlichkeit«, »das Hohelied vom Hunger nach Liebe.«[2] Dem Gedicht liegt eine kurze heftige Liebesaffäre Majakowskijs mit Maria Denissowa zugrunde, die er bei einem Gastspiel in Odessa kennen gelernt hatte. Majakowskij würde am liebsten seine Lesereise abbrechen und sie auf der Stelle heiraten. Doch daraus wird nichts, und er schreibt sich sein Leid von der Seele. Maria ist die erste von all den Frauen, die sich zwar auf eine Affäre mit ihm einlassen, zum Heiraten aber einem solideren Mann den Vorzug geben.

Maxim Gorki, den er auf einer seiner Reisen besucht und dem er Teile seines Gedichts »Wolke in Hosen« vorliest, erkennt seine ungewöhnliche Begabung. Ein Jahr später wird er ihn als ständigen Mitarbeiter seiner Zeitschrift »Letopis« verpflichten. Die Öffentlichkeit nimmt zunächst noch wenig Notiz von ihm, die Presse äußert sich – wenn überhaupt – zumeist negativ.

Was ist Elsa für ihn in dieser Zeit? Geliebte, Freundin, Schwester, Seelenverwandte? Elsas Aufzeichnungen zufolge zumindest eine enge Vertraute, die er nach wie vor häufig besucht. In den meisten Büchern, die sich mit Majakowskij beschäftigen, wird Elsa nur als diejenige Person erwähnt, die Majakowskij und Lilja zusammenbrachte.

»Damals kam mir zum erstenmal die erleuchtende Idee, dass ich mich mit ihm treffen könnte, ohne dass meine Mutter davon erführe. Wir brauchten uns nur an einem weniger auffälligen Ort als dem Bahnhof, und am besten des Abends, zu verabreden. Auch konnte ich tagsüber einfach nach Moskau fahren [...] In Moskau roch die leere Wohnung nach Napthalin. Es war mit den weißen Möbelüberzügen, den weißen Tüchern, die die Flügel bedeckten, den mit Tüll überzogenen Kronleuchtern unter der Decke, den kahlen Fenstern und dem großen Majakowskij, der durch die Zimmer ging, wie in einem Gespensterhaus.«

Elsa Triolet

Lilja Brik: Schreib Verse für mich (1993)

Petrograd 1916.

Unser Vater war gestorben. Ich fuhr nach Moskau zu seiner Beerdigung. Von dort kam Elsa nach Petrograd mit, wo sich auch Majakowskij einfand, wieder von Kuokkala herübergekommen. Nach der Begrüßung musterte er mich nachdenklich, ein Schatten flog über sein Gesicht, und er sagte: »Sie sind katastrophal mager geworden ...«

Diesmal war er ganz anders als bei seinem ersten, so überraschenden Besuch. Keine Spur Hemdsärmeligkeit mehr. Schweigend, beunruhigt sah er mich an.

Wir flüsterten Elsa zu: »Lass ihn bloß nichts lesen.« Aber sie scherte sich darum nicht, und so kam es, dass wir an diesem Tag erstmals sein Poem »Wolke in Hosen« hörten. Aus Platzmangel hatten wir die Tür zwischen beiden Zimmern ausgehoben. Majakowski lehnte sich an den Türsturz, zog ein Heft aus dem Jackett, warf einen Blick hinein und steckte es wieder weg. Er überlegte einen Moment. Dann ließ er die Augen umherschweifen, als hätte er einen weiten Hörsaal vor sich, sprach den Prolog und fragte lässig, mit leiser, mir unvergesslicher Stimme:

»Ihr meint wohl: Malaria? Fieberdelirien? O nein: das ist in Odessa geschehen.«

Wir hoben den Kopf wie gebannt, ließen bis zum Schluss kein Auge von ihm.

Er stand aufgerichtet, ohne ein einziges Mal die Haltung zu wechseln. Sah niemanden an. Ging in dem, was er sprach, ganz auf. Klagte, wetterte, spottete, forderte, eiferte, raste. Zwischen den Kapiteln machte er eine kleine Atempause.

Schon saß er wieder am Tisch und verlangte in gespielt laxem Ton einen Tee. Ich schenkte ihm hastig ein. Ich schwieg, doch Elsa frohlockte: Seht ihr wohl!

Brik fand als erster die Sprache wieder. Wer hätte das gedacht! Unglaublich! In der ganzen Poesie kenne er nichts Besseres. Majakowski sei ein ganz großer Dichter, selbst wenn er nichts anderes mehr schreiben sollte. Er ließ sich das Heft geben und behielt es den ganzen Abend in der Hand. Das alles war für uns wie die Erfüllung eines langgehegten Traums. [...] Majakowski saß neben Elsa und schlürfte Tee mit Konfitüre. Er strahlte. Ich brachte kein Wort heraus.

Majakowski nahm Brik das Heft weg, schlug es auf, fragte mich: »Darf ich es Ihnen widmen?« und schrieb mit gesammelter Miene über die Überschrift: »Für Lilja Jurjewna Brik.«

Linolschnitt von J. Mogilewski, Symbol des Moskauer Majakowski-Theaters.

Moskau 1925. Der Freundeskreis der Briks. Oben links Majakowski, O. Brik, B. Pasternak, in der Mitte V. Šklovskij (mit Glatze), unten links Elsa Triolet neben ihrer Schwester Lilja.

»Wladimir Majakowskij, den Elsa im Alter von fünfzehn Jahren traf, als dieser noch unbekannt bzw. beinahe unbekannt war, hat nicht nur ihr Leben geprägt, er blieb für sie ein Bild, das sie über Jahre hinweg quälte, so dass man darin den Ursprung für das Thema sehen kann, das zu einer Obsession wird, dem man von Buch zu Buch wieder begegnet, das sich wiederholt, so sehr es auch umgestaltet wird, erkennbar für den, der zu lesen weiß: das Schicksal des schöpferisch tätigen, die Tragödie des schöpferisch tätigen Menschen.«

Louis Aragon

Elsa Triolet, 1919.

Das Verhältnis des Dichters zur jüngeren Schwester wird nicht genauer beschrieben, zumal er ihr nicht ein einziges seiner Gedichte widmete. Sie selbst wird immer wieder auf ihre Rolle als Entdeckerin seines Talents zurückkommen, und tatsächlich hat er es eigentlich ihr zu verdanken, dass sein Gedicht »Wolke in Hosen« einen Verleger, ihren Schwager Ossip Brik, findet.

Zunächst gilt es nämlich, Überzeugungsarbeit zu leisten. Der intellektuelle Zirkel um die Eheleute Brik, der sich vor allem theoretisch mit Sprache und Literatur befasst, beurteilt die zeitgenössische Dichtung mit einem gewissen Snobismus. Und da sollte ausgerechnet Majakowskij, der Skandalheld und Bürgerschreck, derjenige sein, der »das Richtige« schrieb? Diesem merkwürdig gekleideten »Futuristen«, gerade mal zweiundzwanzig Jahre alt, traute man keine Verskunst zu. Seine Reputation zu diesem Zeitpunkt wäre, auf die heutige Zeit übertragen, in etwa gleichzusetzen mit der eines Sprayers von Graffitis.[3] Elsa lässt sich nicht beirren. Sie will um jeden Preis die Anerkennung ihrer Entdeckung durch den Kreis, in dem sie selbst bisher so wenig ernstgenommen wird, und schafft es auch tatsächlich, eine Lesung Majakowskijs bei den Briks zu organisieren – nicht ahnend, dass sie Majakowskij auf diese Weise zwar entscheidend weiterhilft, ihn aber gleichzeitig an Lilja verliert.

»Dir, Lilja« lautet letztendlich die Widmung, als das Gedicht mit Hilfe Ossip Briks veröffentlicht wird. Kaum vorstellbar, dass Elsa diese Geste nicht als Kränkung empfand, aber, wie auch immer, sie lässt sich nie etwas anmerken. In ihren Erinnerungen an Majakowskij spart sie die von Lilja in ihren Erinnerungen geschilderte Episode aus, widmet der Begegnung ihrer Schwester mit dem Dichter lediglich einen einzigen nüchternen Satz: »Auf diese Weise hatte Majakowskij, als er mich bei ihr besuchte, Lilis Bekanntschaft gemacht.«[4]. Aragon wird viele Jahre später von einer »historischen Szene« sprechen, die Elsa Triolet nachhaltig geprägt habe.[5]

> »Der gerührte Gorki weinte mir die Jacke voll. Die Gedichte machten ihn weich. Fast hätte ich mir was eingebildet. Es stellte sich aber heraus, dass Gorki jede Poetenjacke beplärrt. Trotzdem hebe ich mir die Jacke auf. Könnte sie irgend jemandem für ein Provinzmuseum abtreten.«
>
> Majakowskij

Majakowskij: Auszug aus **Wolke in Hosen** *(1914-1915)*

Ich will euren Geist,
der da döst im verweichlichten Hirn
wie ein fetter Lakai in speckigen Sofakissen,
mit blutigen Fetzen des Herzens verwirrn,
verspotten zum äußersten, frech und bissig.

Kein graues Härchen kennt meine Seele,
auch greise Liebkosungen findet sie töricht!
Die Welt betäubend mit mächtiger Kehle,
schreite ich – schön –
zweiundzwanzigjährig.

Ihr Zarten!
Ihr spielt eure Liebe auf Geigen.
Wer derb ist, der haut sie auf die Pauke.
Ihr könntet euch nie so umgestülpt zeigen
Wie ich, der ganz zum Kussmund Gestaute.

Kommt lernen!
Du aus batistenem Bette,
du mannlos manierliche Himmelsgefreite.
Und du, die in Lippen gelassen blättert
wie eine Köchin in Kochbuchseiten.

Wollt ihr,
dann werde ich fleischlich rasend
mich wandeln in himmlischen Metamorphosen –
Wollt ihr,
dann bin ich artigermaßen
kein Mann mehr, sondern – Wolke in Hosen!

Majakowskij lässt keinen Zweifel daran, dass er in Lilja die Frau seines Lebens gefunden zu haben glaubt. Er kehrt gar nicht mehr in den finnischen Ort zurück, an dem er sich zuletzt aufhielt, lässt seine Liebste nebst seiner schmutzigen Wäsche im Stich und bezieht ein Hotelzimmer in Petrograd. Ossip Brik toleriert die neue Beziehung seiner Frau, bittet sie jedoch, sich nie von ihm zu trennen. Schon bald bilden die drei eine »Familie«, die für die nächsten fünfzehn Jahre als Zentrum der literarischen Avantgarde Russlands gelten kann. Ein klassischer *ménage à trois?* Mitnichten. Sicherlich erscheint diese Konstellation zu damaliger Zeit zumindest in den aufgeschlossenen Kreisen nicht unbedingt als ungewöhnlich, und doch sieht sich Lilja selbst angesichts spießiger Kommentare noch Jahre später zu Rechtfertigungen veranlasst.

Ossip Brik ist fasziniert von der Dichtung im allgemeinen und von Majakowskij im besonderen. Obwohl zuvor noch nicht als Verleger tätig, betreibt er unverzüglich den Druck der »Wolke in Hosen«. Das Gedicht erscheint 1915 in Petrograd in einer gekürzten Fassung (der letzte Teil fällt der Zensur zum Opfer) und drei Jahre später in vollständiger Ausgabe. Die Wohnung der Briks entwickelt sich zu einem literarischen Salon der Futuristen. Lilja, die das Alleinsein ebenso unerträglich findet wie Majakowskij, übernimmt die Rolle der Gastgeberin. Mit dem Dichter kommt endlich Leben ins Haus. Lilja hat bis auf ihre Ballettstunden keinerlei Verpflichtungen, und so genießt sie, sorgfältig geschminkt und in große Umschlagtücher aus Seide oder Kaschmir gehüllt, die Aufmerksamkeit der jungen Dichter, die ihr Gedichte vortragen und dankbar ihren Kommentar entgegennehmen. Neben Majakowskijs futuristischen Weggefährten Chlebnikow, David Burliuk und Wassili Kamenski findet sich auch Boris Pasternak regelmäßig ein. Brik wird von Majakowskij angeregt, sich – wenn auch theoretisch – wieder schreibend zu betätigen. Zusammen mit Jakobson, Šklovskij und anderen gründet er die »Gesellschaft zum Studium der poetischen

»In letzter Zeit hatten wir kaum noch Lust auf Lesen gehabt. Alles, was an Poesie erschien, kam uns langweilig und läppisch vor – es wurde nicht richtig und nicht von den Richtigen und nicht das Richtige geschrieben. Aber hier war alles beisammen: richtig, der Richtige, das Richtige.«
Lilja Brik

Wassili Katanjan über das Dreieck Majakowskij, Lilja und Ossip Brik

»Ihr Haus war immer voller Gäste«
Wassili Katanjan

In meiner Kindheit wohnte ich den Sommer über in ihrer Nachbarschaft; unsere Datschen lagen nebeneinander. Meine Erinnerungen daran sind nur undeutlich: viele Leute auf der Terrasse – ihr Haus war immer voller Gäste –, Majakowskij trägt Gedichte vor. Von einem dieser Abende ist ein Foto überliefert: Alle stehen oder sitzen auf den Stufen um Majakowskij geschart – Lilja, Ossip Brik und seine Frau Shenja, der Maler Rodtschenko, einige vom Lef, Liljas Schwester, der Tschekist Agranow, Natalja Brjuchanenko, die Haushälterin Annuschka, kurz, viele von denen, die die eine oder andere Rolle in ihrem und Majakowskijs Leben spielen sollten. [...]

Sie wohnten immer zusammen: Majakowskij, Lilja und Ossip Brik. [...] Sie waren ein Bund Gleichgesinnter, der zu jeder Zeit Bestand hatte: als Lilja Majakowskijs Geliebte war und auch später, nach 1925, als ihr Verhältnis zueinander einen rein freundschaftlichen Charakter angenommen hatte. Dieser Dreierbund war natürlich etwas Ungewöhnliches, doch den Beteiligten behagte er – und das ist das Wichtigste.

Manch Spießer nahm jedoch daran Anstoß und versuchte sich einzumischen und kluge Ratschläge zu erteilen, die keiner benötigte. So war es damals, so ist es noch heute.

Das heißt aber nicht, dass sie es leicht miteinander gehabt hätten. Zwei in diesem Dreieck, das Majakowskij seine Familie nannte, waren von vornherein zu einer Tragödie verurteilt, die folgenden Grund hatte: Lilja liebte Ossip Brik, der sich aus ihr als Frau nichts machte, Majakowskij hingegen liebte Lilja, liebte und begehrte sie grenzenlos, was sie nicht mit gleicher Stärke erwidern konnte. Seit ihrem dreizehnten Lebensjahr gehörten ihre Gefühle allein Ossip.

aus: Lilja Brik, *Schreib Verse für mich*

58

Sprache (OPOJAZ)«. Diese Gruppe wird als die »Formalisten« in die Sprach- und Literaturgeschichte eingehen.

Majakowskij interessiert sich brennend für Briks literarische Theorien wie auch für seine politischen Meinungen. Der rege Gedankenaustausch der beiden beginnt bereits beim Frühstück. Der geradezu idyllisch anmutende Alltag der neugegründeten »Familie« kann jedoch nicht über ernste Schwierigkeiten und Konflikte hinwegtäuschen. Von Liljas Beziehung zu Ossip, die sich – zu ihrem Leidwesen – nur noch auf geistiger Ebene abspielt, war bereits die Rede, und Majakowskij muss es hinnehmen, dass die Frau, die er leidenschaftlich liebt und begehrt, ihm nur den zweiten Platz in ihrem Herzen zugesteht.

Im Juli hatten die drei sich kennen gelernt, und bereits im Herbst hatte Majakowskij sein zweites großes Liebesgedicht »Die Wirbelsäulenflöte« beendet. Auch dieses Gedicht, das ursprünglich »Verse für Sie« heißen sollte, ist wie die »Wolke in Hosen« Lilja gewidmet. Thema des Gedichts: »Das komplizierte Dreiecksverhältnis, mit dem der Dichter zeitlebens nicht fertig werden konnte.«[6] Seine Eifersucht, seine Verzweiflung und Todessehnsucht treten deutlich zutage.

Elsa sieht Majakowskij nur noch selten. Nach Abschluss der Schulausbildung schreibt sie sich, wie ihre Schwester zuvor, an der Moskauer Hochschule für Architektur ein. Gegenüber ihrer Schwester empfindet sie weder Eifersucht noch Neid; allenfalls eine große Trauer, die in Selbstmordgedanken gipfelt, ist ihren Äußerungen zu entnehmen. Der Briefwechsel zwischen Elsa und Majakowskij aus dieser Zeit enthüllt, wie unglücklich sie darüber ist, dass sich das Verhältnis zwischen ihnen schlagartig geändert hat. Die Vertrautheit ist dahin, und nur, wenn es ihm schlecht geht, bittet er sie, zu ihm zu kommen. Sie leidet – an der Langeweile, der Lustlosigkeit, der Einsamkeit. Ihre Briefe sind zärtlich, voller Sehnsucht – und doch ohne Hoffnung.

»Seit meiner Begegnung mit Majakowski hat es zwischen Ossja und mir keine intimen Beziehungen mehr gegeben; dieser ganze Klatsch von ›Dreiecksverhältnis‹ und ›Liebe zu dritt‹ entspricht auch nicht annähernd der Wahrheit. Ossja habe ich geliebt, liebe ich und werde ich lieben – mehr als einen Bruder, mehr als einen Ehemann, mehr als einen Sohn. Von solcher Liebe habe ich noch nirgends gelesen. Diese Liebe war meiner Liebe zu Wolodja nicht hinderlich. Ich musste Wolodja einfach lieben, weil Ossja ihn so liebte. Er sagte, Wolodja sei für ihn kein Mensch, sondern ein Ereignis.«
Lilja Brik

22. Oktober 1916

Lieber Onkel Wolodja,
Du kannst Dir gar nicht vorstellen, wie dankbar ich Dir für Deinen
Brief bin. Ich hatte wirklich nicht damit gerechnet, dass Du so ein
Schatz sein könntest!

Mir war nicht bewusst, dass mein Brief so düster war, ich bin
immer so.

Weißt Du, seit dem letzten Jahr verfolgt mich ein absonderlicher
Gedanke: ich habe wahnsinnige, entsetzliche Angst davor, dass sich
herausstellen könnte, dass ich an einer Krankheit leide. Es gibt
überhaupt keinen Grund dafür und doch werde ich zeitweise wahn-
sinnig vor Sorge. Ist das nicht dumm?…

Lieber Onkel Wolodja, kannst Du wirklich nicht kommen?
Weißt Du, ich habe wirklich keine Lust, nach Petersburg zu fahren:
ich kann wirklich nicht die ganze Zeit mit Leuten zusammen sein
und bei Lili ist das unumgänglich. Mama wird mir niemals erlau-
ben, in einem Hotel zu wohnen. Obwohl ich große Lust hätte, alle
zu sehen, glaube ich nicht, dass ich kommen werde, ich habe noch
größere Lust, allein zu sein. […]

Schreibst Du mir weiter? Das wäre sehr schön! Ich fühle mich
sehr allein, ich liebe niemanden, höchstens Dich, vergiss mich nicht,
mein Liebster, ich denke ununterbrochen an Dich und ich liebe Dich

Elja

Onkel Wolodja, stimmt es nicht, dass es unnütz und schändlich ist,
zu sehr von seinen Gefühlen zu sprechen? Wen interessieren diese
abstrakten Überlegungen zu diesem Thema… Ich weiß, dass die
Leute sich nur für Tatsachen interessieren, und ich glaube, sie haben
Recht, es ist unbedeutend und bis zu einem gewissen Grade erstaun-

»Ich würde sagen, dass
Majakovskij für Elsa eine
Art brüderlicher Zuneigung
empfand. Viele denken, es
wäre nicht wahr, was sie
in ihren Erinnerungen
erzählt: dass sie ihn in
Petersburg abholte, weil er
ihr verzweifelte Briefe
geschrieben hatte. Aber es
ist eine Tatsache, und es
gab viele solcher Fälle.«

Roman Jakobson

lich, wenn man in seinen Empfindungen herumwühlt! Nur zu selten
gibt es jemanden, dessen Besonderheit ihm das Recht gibt, in sich zu
schauen und das ganze bei einem anderen loszuwerden. Oder man
muss ihn sehr lieben, aber selbst in so einem Fall ist es nicht gut.
Aber von Dir, Onkel Wolodja, würde ich alles annehmen, aber Du
bist es, der nicht will. Ich küsse und umarme Dich

E.

[…]

Petersburg, 1. November 1916

Sehr geehrtes Fräulein Elsa Jurewna,
zu meinem großen Bedauern habe ich Ihren abscheulichen Brief er-
halten. Würden Sie sich bitte in Erinnerung rufen, welche Gemein-
heiten Sie schreiben: 1) »Ich hatte wirklich nicht damit gerechnet,
dass Du so ein Schatz sein könntest!« Sie haben Unrecht. Ich werde
Ihnen voller Entrüstung antworten. 2) »Ich glaube nicht, dass ich
kommen werde, ich habe noch größere Lust, allein zu sein.« Urteilen
Sie selbst, wie schlecht Sie sind: Sie lösen ein Gefühl der Zärtlich-
keit in mir aus und dann – »ich komme nicht«. 3) Wenn es zehn Jahre
dauert, bis Sie meine Briefe beantworten, so werde ich Ihre in zwan-
zig Jahren beantworten. Hiermit schlage ich Ihnen vor, mir entwe-
der keinen Ihrer schrecklichen Briefe mehr zu schicken oder sich
unverzüglicher unter folgender Adresse zu rechtfertigen:
Petrograd, Nadjeshdinskaja-Str. 52, Wohnung 9.
Ihr Ergebener

Wladimir Majakowskij

P.S. Ich küsse und umarme Dich, mein liebes Elschen, Dein Onkel
Wolodja

aus: Elsa Triolet, *Écrits intimes*

»*Meine Freunde hatten gewechselt und meine Leidenschaften auch. […] ich interessierte mich nur noch für Mathematik und Malerei. Majakowskij war unterdessen »Onkel Wolodja« geworden, für den ich eine grenzenlose Freundschaft empfand. Wenn ich nichts anderes im Kopf hatte.«*

Elsa Triolet

Majakowskij: Auszug aus **Die Wirbelsäulenflöte** *(1915)*

Prolog

Auf euch alle,
die gefällig gewesen oder noch gefallen,
als Ikonen gehegt in den Seelenschleusen,
heb ich, wie zum Trinkspruch eine Schaumweinschale,
mein gedichtschwangeres Hirngehäuse.

Immer öfter denk ich,
obs nicht besser wär,
einen Kugel-Punkt an sein Ende zu böllern.
Darum geb ich heute
ein Abschiedskonzert
Für alle Fälle.

Erinnerung!
Versammle im Schädelgemach
die einst Geliebten in endlosen Reihen.
Versenke dich, Auge in Auge, lach.
Schmücke die Nacht mit gewesenen Hochzeitsfeiern.
Von Körper zu Körper fließe Lust!
Niemand soll diese Nacht versäumen!
Ich spiele heute die Flöte just
auf meiner Wirbelsäule!

Ihre Freunde sind jedoch nicht etwa die Kommilitonen von der Bauhochschule, sondern vor allem Maler, Philologen, Historiker und Dichter. »Alle meine Freunde schrieben Verse.«[7] Es ist weniger das fachliche Gespräch, das sie sucht, sondern nach wie vor der rege Austausch über die Liebe und die Kunst.

Elsa lebt allein mit ihrer Mutter in Moskau. Bisweilen geht es ihnen finanziell so schlecht, dass Elsa nebenbei in einer Fabrik arbeiten muss. Besuche bei ihrer Schwester vermeidet sie nach Möglichkeit, angeblich, weil sie das Alleinsein dem Trubel im Hause der Briks vorzieht.

Bei einem ihrer seltenen Besuche lernt sie den Schriftsteller und Literaturtheoretiker Viktor Šklovskij kennen, der sich in sie verliebt und den sie Jahre später in Berlin wiedertreffen wird. Auch bei einem »futuristischen« Weihnachtsfest in der Wohnung der Briks sind beide anwesend. Majakowskijs Freunde aus Moskau sind gekommen. Alle tragen verrückte Kostüme, Elsa hat sich wieder einmal als Pierrot verkleidet. Der Weihnachtsbaum hängt verkehrt herum an der Decke und ist mit kleinen schwarzen Hosen geschmückt, die mit Wattebäuschchen gefüllt sind. Lilja ist es gelungen, auf dem Schwarzmarkt Alkohol aufzutreiben. Es wird ein lustiger Abend, an dem Elsa ihren ersten Heiratsantrag erhält, und zwar von ihrem Tischnachbarn, dem futuristischen Dichter Wassilij Kamenskij. Majakowskij ist »wenig entzückt« von dieser Dreistigkeit seines Freundes und zeigt, wie auch bei anderen Gelegenheiten, seine Eifersucht auch in bezug auf Elsa.

Majakowskijs rasende Eifersucht ist legendär. Er, der selbst kaum in der Lage ist, einer einzigen Frau treu zu sein, reagiert vehement auf alles, was seine Angebetete nicht mit ihm teilt. Lilja allerdings macht Majakowskij mit ihren Launen das Leben nicht leicht und lässt auch keinen Zweifel daran, dass sich für sie die Welt nicht nur um ihn dreht. Majakowskij verfällt zunehmend in Schwermut, die seinen Gedichten trotz der verbalen Vulgarismen deutlich anzumerken ist. Einmal ver-

Majakowskji und Ossip Brik (rechts).

»Brik sprach mit Majakowski über alles, was er gelesen hatte. Majakowski kam kaum zum Lesen, hatte aber für alles Interesse, und Brik konnte eindrucksvoll erzählen. Oft geschah es, dass Majakowski mitten im Gespräch aufstand, sich über Brik beugte und ihm mit den Worten: »Komm, lass dir die Glatze küssen« einen Kuss auf den Kopf gab.«

Lilja Brik

Majakowskij: Auszug aus **Die Wirbelsäulenflöte** *(1915)*

Ich aber wälze mich nachts in Pein,
dass jetzt ein andrer nach dir giert,
während ich Zeilen schleif
aus Geschrei,
ein halb verblödeter Juwelier.

Ich spiel lieber Karten
und spül mein Herz,
den zerseufzten Schlund, mit was Hartem.

Ich brauch dich nicht!
Fort mit dir!
Ich weiß
sowieso,
dass ich bald krepier.

Wenns wahr ist, Gott,
dass es dich gibt,
wenn ein Sternenteppich dein Werk ist, Herr,
wenn dieser Schmerz,
täglich gewaltiger,
eine Strafe von dir ist – dann
leg dir die Richterkette an.
Rechne mit meiner Visite!
Ich komm
genau auf den Tag.
Pass auf,
du allerhöchster Inquisitor!

bringt er die Nacht in seinem Zimmer, das er in Petrograd angemietet hat, und ruft Lilja mitten in der Nacht an: »Ich werde mich erschießen. Lebwohl, Lilik«. Lilja eilt zu ihm, er öffnet ihr die Tür, die Pistole in der Hand. Er hatte tatsächlich abgedrückt, aber es war zu einer Ladehemmung gekommen. Als Lilja eine weitere Selbstmorddrohung nicht mehr ernst nimmt, wendet er sich mit einem Brief an Elsa, die sofort zu ihm eilt, obwohl sie von einem Freund gewarnt wird, wahrscheinlich habe Majakowskij nur niemanden, der mit ihm ins Kino gehen wolle.

Der harte Winter 1917/18, die im kriegs- und revolutionsgebeutelten Russland herrschende Lebensmittelknappheit und lebensbedrohliche Epidemien wie die Cholera lassen in Elsa den Wunsch aufkommen, das Land zumindest zeitweise zu verlassen. So begeistert sich Majakowskij ins revolutionäre Geschehen stürzt, so schrecklich empfindet Elsa die daraus resultierenden veränderten Lebensumstände. Wo sie auch später lebt, Russland bleibt das Land ihrer Kindheit, an das sie sich stets mit nostalgischen Gefühlen erinnern, wo sie sich jedoch nie wieder zu Hause fühlen wird.

Majakowskij wird sie in den zwanziger Jahren in Berlin und Paris wiedertreffen und mit ihm schließlich »stillschweigend Frieden« schließen. Die Beziehung von Lilja und Majakowskij erweist sich derweil als dauerhaft. Gegen Ende des Jahres 1922, als das Leben nach den harten und entbehrungsreichen Jahren wieder an Normalität gewinnt, kommt es jedoch zu einer ernsthaften Krise in der Beziehung, die sogar zu einer vorübergehenden Trennung führt. In dieser Zeit schreibt er sein berühmtes Gedicht »Pro Eto« (in Deutschland verschiedentlich übersetzt mit »Hierüber«, »Darüber« oder »Das bewußte Thema«). Über Jahre hinweg arbeiteten beide in verschiedenen Bereichen eng zusammen, beispielsweise für den Film und die Werbung.

»Das Thema der ›Wirbelsäulenflöte‹ wird sich ab nun wie ein blutroter Faden durch das ganze Werk von Majakowskij winden: die Unvereinbarkeit von Leben und Liebe.«
Karl Dedecius

Elsa Triolet: Majakowskij (1945)

Lilja und Majakowskij im Jahr 1915, dem Jahr ihres Kennenlernens.

Ich erinnere mich dunkel eines hässlichen, finsteren, kahlen Raumes. Majakowskij saß an einem Tisch und hatte vor sich eine Flasche und ein Glas. Seine fahlen, langen Wangen waren eingefallen, die Backenknochen sprangen deutlich hervor, seine Kleidung schlotterte ihm um Nacken und Schulter. Er verbrachte seine Tage damit, hinter verschlossener Tür zu trinken.

Er empfing mich zerstreut. Wir schwiegen lange und äußerten nur hier und da eine Silbe ... Warum war ich gekommen? Die Spannung war unerträglich! Er ging auf und ab, rauchte unaufhörlich, hielt die Zigarette im Mund, trank, sagte nichts. Nach einigen Stunden war ich nahe daran, loszuheulen. Warum hatte er mich kommen lassen? Aber als ich am Abend gehen wollte, verbot er es mir. Ich sagte, ich würde unten vor der Tür erwartet. Er wurde böse. Ich auch. Er redete sich in eine wahnsinnige Wut hinein. Ich wäre lieber gestorben als geblieben. Als ich die Tür zuschlug, konnte er mir nur noch nachrufen: »Schert euch zum Teufel, du und deine Schwester!«« Seine Stimme war heiser vor Wut.

Eine Sekunde später holte er mich auf der Treppe ein, hob mit einem »Verzeihung, gnädige Frau!« den Hut und ging vorbei.

Majakowskij kannte den Maler Wladimir Koslinskij, der auf mich vor der Haustür in einem Schlitten wartete. Als ich herunterkam, hatte es Majakowskij bereits durchgesetzt, dass man den Abend gemeinsam verbrachte. Ich hatte ihn loswerden wollen! Das würde man ja sehen! Wir drängten uns in dem Schlitten, der kaum für zwei ausreichte, zusammen. Es wurde ein furchtbarer Abend. Majakowskij rächte sich auf Kosten von Koslinskij. Ich pendelte zwischen tollen Lachkrämpfen und Verzweiflung.

Majakowskijs Popularität wächst ständig. Mittlerweile wird er auf der Straße erkannt und muss Autogramme geben. Zahlreiche öffentliche Auftritte bei Vortrags- und Rezitationsabenden führen ihn zunehmend auch ins Ausland, 1925 tritt er sogar eine mehrmonatige Reise nach Amerika an, auf die ihn Lilja wegen ihrer angeschlagenen Gesundheit nicht begleiten kann. Majakowskij beginnt in Amerika eine Affäre mit der aus Russland stammenden Elly Jones. (Aus dieser Verbindung geht eine Tochter hervor, Helen Patricia, die später als Professorin und Autorin im Bereich Familienpsychologie in New York lebt. Majakowskijs Enkel wird 1941 geboren.) Majakowskij berichtet Lilja von seinem Abenteuer. Kurz darauf endet ihre Liebesbeziehung, und auch Ossip verbringt inzwischen mehr Zeit mit seiner zweiten Ehefrau.

Zwei Jahre nach ihrer Trennung beziehen die drei dennoch eine neue gemeinsame Wohnung in Moskau. Majakowskij behält jedoch weiterhin sein eigenes Zimmer, ein Ort, an den er sich zum Arbeiten zurückziehen kann – und wo er ungestört seinen amourösen Abenteuern nachgehen kann.

Noch mindestens zweimal wird Majakowskij gegen die Gesetze des ›Dreiecks‹ verstoßen und einer anderen Frau die Ehe antragen, letzte verzweifelte Versuche, den immer häufiger auftretenden Depressionen, vom Gefühl der Einsamkeit ausgelöst, zu entkommen. Beide Frauen sind sehr jung und sehr schön, die erste, Tatjana Jakowlewa, wird ihm 1928 in Paris von Elsa zugeführt, die zweite in Moskau von Lilja, die mit der Schauspielerin Veronika Polonskaja befreundet ist und mit ihr zusammen an dem Film »Das Glasauge« gearbeitet hatte.

Elsa hatte Tatjana kurz vor Majakowskijs Ankunft in Paris 1928 kennen gelernt und beim Anblick der hochgewachsenen jungen Frau unvermittelt bemerkt: »Ja, Sie sind Majakowskij gewachsen!«. Kurz darauf stellt sie die knapp zwanzigjährige, langbeinige und strahlendblonde Emigrantin ihrem Landsmann vor, der sich auf den ersten Blick in sie verliebt. Als Majakowskijs Visum abläuft und er nach Moskau

»Inmitten aller Ereignisse und über all meinen persönlichen Angelegenheiten dachte ich nur noch selten an Majakowskij.«
Elsa Triolet

*»An einem langen Arbeits-
tisch, mit Plakaten über-
laden, saß ein Riese mit
rasiertem Schädel, der wie
ein Gymnasiast, der etwas
ausgefressen hatte, ver-
legen lächelte, während die
schmächtige, feingliedrige
und rothaarige, großäugige
Frau, die wie ein farbiger
Schatten vor ihm stand,
ihn regelrecht herunter-
putzte.«*

Rita Reit

Majakowski, 1922.

zurückkehren muss, gilt sie trotz ihres Zögerns – sie hatte in Paris das süße Leben entdeckt – als seine Verlobte, zu der er so bald wie möglich zurückkehren will. Aber die Ausstellung eines neuen Visums verzögert sich, und auch den Briks missfällt wohl die erneute Reise zu der Frau, der er mittlerweile sogar Gedichte widmet. Bald darauf erhält Lilja einen Brief, den sie wie gewohnt zusammen mit Ossip und Majakowskij öffnet. In ihm bittet Elsa ihre Schwester, Majakowskij schonend beizubringen, am besten zu verschweigen, dass Tatjana einen französischen Adligen heiraten wird, den sie bereits vor ihrer Affäre mit dem Dichter kannte.

Am 14. April 1930 erschießt Majakowskij sich mit einem Revolver. Über die Gründe für seinen Selbstmord wurde – damals wie heute – viel spekuliert. War es die erneute Enttäuschung in der Liebe, die Einsamkeit, die ihm immer unerträglicher wurde, zumal sich die Briks gerade auf einer Reise befanden und ihn dieses Mal nicht auffangen konnten? War es der von ihm so empfundene Misserfolg der letzten Jahre, die bisweilen bösartige Kritik an seiner Person? Auch körperlich fühlte er sich elend, der hypochondrisch Veranlagte kämpfte seit längerer Zeit mit einer Grippe, hatte Probleme mit seiner Stimme.

In seinem Abschiedsbrief, den er bereits zwei Tage vorher schrieb, steht ein letztes Mal: »Lilja, liebe mich.«

Gerade in der letzten Zeit seines Lebens trat zutage, dass der Dichter nicht nur Freunde hatte. Zu wild, zuweilen arrogant war sein Auftreten, zu charismatisch sein Wesen, so dass einige Neider mit übler Nachrede versuchten, am Bild des großen Dichters zu kratzen. Später sprach man gar von einer regelrechten Hetzkampagne.

Lilja und Ossip erreicht die Nachricht vom Tode ihres Freundes in Berlin. So schnell es geht, kehren sie nach Moskau zurück und kümmern sich um das Begräbnis. Hunderttausende ziehen am Sarg des aufgebahrten Dichters vorbei und geben ihm das letzte Geleit. Der letzten

Majakowsky setzte unter seine Briefe an Lilja anstelle des Namens häufig die Zeichnung eines kleinen Hundes.

Meine liebe Elsa, schreib mir bitte, wer diese Frau ist, nach der Wolodja verrückt ist und die er nach Moskau kommen lassen will, der er Verse schreibt (!!) und die, nachdem sie so viele Jahre in Paris gelebt hat, in Ohnmacht fällt, wenn sie das Wort Scheiße hört!?… Sag bitte NIEMANDEM, dass ich Dich danach frage, und schreib mir alles ganz genau. Niemand liest die Briefe, die ich bekomme.

Lilja Brik

Lilja Brik über ihre Krise in der Beziehung zu Majakowskij

Lilja mit Ossip Brik (links) und
Majakowskij, 1929.

Wir hatten eine lange Aussprache, wurden heftig und bitterernst.
Beide weinten wir. Glaubten umzukommen. Alles aus und vorbei!
Alles war zur Gewohnheit geworden – die Liebe, die Kunst, die
Revolution. Alles war selbstverständlich geworden – dass wir einander hatten, dass wir Schuhwerk und Kleider hatten, im Warmen
saßen. Und dann und wann Tee tranken. Wir versanken im Alltag.
Sanken auf den Grund. Nie mehr würde Majakowskij etwas Wirk-
liches schreiben ... Solche Aussprachen hatten wir in letzter Zeit
des öfteren gehabt, aber keine Konsequenzen daraus gezogen. Doch
jetzt, in dieser Nacht noch, fasste ich den Entschluss, mich wenig-
stens für ein, zwei Monate von ihm zu trennen. Damit wir uns darüber klar wurden, wie es mit uns weitergehen sollte. Majakowskij
schien sich über diesen Ausweg aus der Ausweglosigkeit zu freuen,
sagte: »Heute haben wir den 28. Dezember. Wir sehen uns also am
28. Februar [1923]« – und ging.

aus: Lilja Brik, *Schreib Verse für mich*

Das bekannte Foto aus dem Jahre 1918
wurde später so geschickt retuschiert,
dass die ›ungeliebte‹ Lilja Brik nicht
mehr neben Majakowskij zu sehen
war.

Liebe Majakowskijs, Veronika Polonskaja, die er sogar in seinem Abschiedsbrief erwähnt, verwehrt Lilja die Teilnahme am Begräbnis so wie sie später auch sämtliche Fotos und Briefe anderer Frauen, die sie in seinem Schreibtisch findet, vernichten wird.

Lilja überlebt Majakowskij um fast fünfzig Jahre. Bis zuletzt tritt sie als Hüterin seines Erbes auf. Viele Biografen und Übersetzer, die sich mit Majakowskij beschäftigen, suchen Lilja Brik in Moskau auf oder korrespondieren mit ihr über sein Werk und ihr gemeinsames Leben. Als er wenige Jahre nach seinem Tod in Vergessenheit zu geraten droht, ist es Lilja, die einen Brief an Stalin schreibt und ihn »an den größten Dichter unserer Revolution« erinnert. Und sie hat Erfolg. In der Tat sind es Stalins eigene Worte, zitiert in der Prawda, die aus ihm quasi über Nacht einen Helden der Revolution machen. Plätze und Namen werden plötzlich nach ihm benannt, unzählige Denkmäler enthüllt, und es entsteht ein Majakowskij-Museum. Für die jüdische Muse ist jedoch in der antisemitischen Sowjetunion bald kein Platz mehr: aus gemeinsamen Fotos mit Majakowskij wird sie wegretuschiert, seine Werke erscheinen ohne die ihr zugedachten Widmungen. Nur seine Gedichte rührt man nicht an. Die Poesie ließ sich nicht fälschen.

Aber auch Elsa Triolet wacht über sein Erbe. 1939 schreibt sie erstmals ihre Erinnerungen auf, das Buch wird jedoch bereits nach wenigen Monaten verboten. 1945 erscheint, nachdem sie zwischenzeitlich den Prix Goncourt erhalten hat, eine Neuauflage ihrer Erinnerungen, die sechs Jahre später als Einleitung zu der Anthologie *Vers et Proses de Maïakovski* fungieren werden. Unermüdlich wird sie sich mit Übersetzungen seiner Gedichte, mit Ausstellungen und Vorträgen als Wegbereiterin seiner Dichtkunst in Frankreich betätigen. Anlässlich des siebzehnten Todestages von Majakowskij hält sie 1947 im Théâtre de l'Athénée in Paris einen Vortrag, in dem sie auf Vorwürfe eingeht, sie habe bisher über die Gründe für seinen Selbstmord geschwiegen. Es

Das Esszimmer der ›Familie‹ Brik/Majakowskij in der Wohnung, die später zum Majakowskij-Museum wurde.

»Ossip, Lilja und Majakowskij bezeichneten sich jedoch nach wie vor als ›Familie‹ und verboten sich, weitere Personen in ihren Kreis mit einzubeziehen, die das Gleichgewicht der Liebes-Freundschaft gefährden würde.«
Unda Hörner

Elsa Triolet über Künstler

Die Kunst bedeutet im Leben eines Künstlers mehr, als die meisten Menschen begreifen können. Man versteht die leidenschaftliche Hingabe bei einem Gelehrten, bei einem Revolutionär auf sozialem Gebiet, aber dem Künstler erlaubt man sie nicht. Leben und sich zu Tode schinden für die Poesie, die Malerei, die Musik, das Theater, das übersteigt das Begriffsvermögen! Aber ich muss keine Beispiele zitieren, um die Wirklichkeit dieses Kampfes zu bestätigen. Die Strenge der Kunst, die mit dem Künstler nicht spaßt, die sein Leben fordert, sein geistiges und sein körperliches, das ist das Thema meiner Romane Personne ne m'aime, Le Monument, Les Manigances ... *Die Kunst als wesentlicher Bestandteil der Wirklichkeit mit allen Zufälligkeiten, der Künstler, allzu oft ein Märtyrer ... das sind die Themen dieser Romane, deren Helden alle Folgen ihrer Haltung gegenüber der Kunst auf sich nehmen. Und wenn das Leben für sich nicht mehr lebenswert ist, so wollen sie lieber aufhören zu leben, als vor der Kunst, wie sie sie in ihrem Innern auffassen, zu versagen.*

aus: Elsa Triolet, *Das Ende hat seinen Preis*

Lilja Brik mit dem von Alexander Rodtschenko gestalteten Einband des Poems »Pro Eto« von Majakowskij.

sei damals nicht ihre Absicht gewesen, Gründe zu nennen, und sie werde es auch diesmal nicht tun. In ihrem Buch *Personne ne m'aime (Keiner liebt mich)* beschreibt sie später die Gemütsverfassung des Dichters, indem sie von den Gefühlen spricht, die eine ihrer Romanheldinnen in den Selbstmord treiben. »Jenny Borghèse, die Heldin meines Romans *Personne ne m'aime,* ist ein bekannter Filmstar, und inmitten von Verleumdungen, von der Schwächlichkeit der Männer, die vorgeben, sie zu lieben bzw. die sie nicht lieben, angesichts der Feigheit, der Gleichgültigkeit oder Kurzsichtigkeit von Freunden und vielleicht auch in Anbetracht der Krankheit begeht Jenny Selbstmord. Jenny Borghèse ist kein Abbild Majakowskijs, aber ich habe ihr, bewußt oder unbewußt, viele seiner Charakterzüge gegeben.« [8]

Der Selbstmord Majakowskijs war für viele seiner Zeitgenossen ein Schock. Ein Kommunist, die Utopie der neuen Welt vor Augen, bringt sich doch nicht um! Seine Freunde aber, wie die Kenner seiner Gedichte, mussten darauf gefasst sein. Zu oft hatte er von seinem vorzeitigen Ende gesprochen, hatte poetische »Abschiedskonzerte« veranstaltet. Aber was hätten sie tun können? Elsa Triolet stellt sich selbst noch Jahre später diese Frage. Majakowskijs Schicksal prägt sie, verfolgt sie, beeinflusst ihr Schreiben.

Aragon, der Majakowskij einen Tag vor seiner Begegnung mit Elsa und ganz unabhängig davon kennen gelernt hatte, wusste die Präsenz des Dichters in ihrem Leben und Schreiben richtig einzuschätzen. Er kannte ihren Schmerz, war an ihrer Seite, als sie 1930 in Paris von seinem Tod erfuhr. Und während Lilja Briks Brief an Stalin den Startschuss zu Majakowskijs »Wiederentdeckung« in der Sowjetunion gab, haben Elsa Triolets Erinnerungen an Majakowskij, die in verschiedene Sprachen übersetzt wurden, laut Aragon viel zum Ruhm des Dichters im Ausland beigetragen.

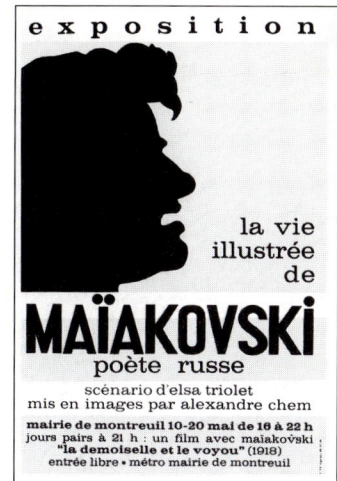

Plakat der von Elsa Triolet initiierten Majakowskij-Ausstellung 1967 in Paris.

»Er fehlt überall, wo es zu lieben, sich zu ereifern, zu verteidigen oder anzugreifen gilt. Er fehlt überall, wo man das Genie braucht. Majakowskij fehlt, unvergesslich wie ein amputierter Arm. Man gewöhnt sich daran, ihn nicht mehr zu haben, aber man vergisst ihn nicht.«

Elsa Triolet

»*In der Nowaja Basman-naja* [...] *gab man mir einen Auslandspass. Der Genosse reichte ihn mir mit den Worten: ›Gibt es hier nicht genug Männer für Sie? Müssen Sie einen Ausländer nehmen?‹ Das war auch die Meinung meiner Bekannten. Ich hörte auf nichts und nie-manden. Des Redens müde, hatte sich meine Mutter entschlossen, mich zu begleiten.*«

Elso Triolet

Elsa Triolet, 1925. (Foto Alexander Rodtschenko)

Moskau, Berlin, Paris oder Einsamkeit

Während ihrer Studienzeit trifft Elsa Triolet ihren Jugendfreund Roman Jakobson wieder, der später außerhalb Russlands als Sprach- und Literaturwissenschaftler zu Weltruhm gelangen sollte. Angeblich waren die beiden einander von den befreundeten Müttern bereits versprochen worden, als beide noch gar nicht auf der Welt waren. Eine Zeit lang sind die beiden, wie Jakobson sich ausdrückte, »eng befreundet«. Aber es dauert nicht lang, und Elsa bedauert, dass Roman nunmehr »auch schon einer der Briks geworden« ist. Die Freundschaft der beiden überdauert dennoch Jahrzehnte und Jakobson bleibt für Elsa – trotz der räumlichen Distanz – ein enger Freund, dem sie sich gern anvertraut und dem sie sogar erlaubt, ihr Tagebuch zu lesen. Jakobson erscheint als die Romanfigur Alek in *Fraise-des-Bois,* und auch in ihrem Tagebuch berichtet sie ausführlich über ihre Beziehung zu »Romka«. Mehrfach erhält sie von ihm Heiratsanträge, die sie jedoch durchweg ablehnt.

Elsa geht viel aus, sie tanzt leidenschaftlich gern und will sich vor allem amüsieren. In Moskau trifft sie in den Kreisen der französischen Mission eines Tages den Offizier André-Pierre Triolet, der durch seinen eleganten Kleidungsstil, seine weltgewandte Art und seine Liebenswürdigkeit gegenüber Frauen auffällt. Er stammt aus einer reichen französischen Familie, ist ein Pferdenarr und ein ›homme à femmes‹. Die Welt der Kunst und Literatur – Elsas Welt – liegt ihm fern. Die beiden scheinen so gar nicht zusammen zu passen, doch sie mögen sich, vielleicht sind sie sogar verliebt, was später oftmals angezweifelt wird. Elsas Familie und ihre Freunde sind jedenfalls erstaunt, als sie auch noch seinetwegen ihr Heimatland verlässt.

Im Juni 1918 schließt sie ihr Studium ab, im Juli nimmt sie zusammen mit ihrer Mutter von Petrograd aus das Schiff Richtung Stockholm. Lilja, die sie zum Schiff bringt, ist wenig begeistert und versucht, sie zum Bleiben zu bewegen. Elsa kann das Bild der am Kai zurück-

> *»Der Abschied von Moskau war herzzerreißend gewesen, noch lange hallte mir das furchtbare Geschrei meiner Amme in den Ohren, die, als sie uns mit unserem bisschen Gepäck in den Wagen steigen sah, noch auf der Straße laut aufgeheult hatte.«*
>
> Elsa Triolet

Elsa Triolets Reisepass, ausgestellt am 27. Juli 1920 in Tahiti.

Elsa Triolet über Tahiti

Ich denke gern an Tahiti zurück, erzähle aber ungern davon. Mama sagt immer, ich hätte ein ungeistiges Verhältnis zu Ereignissen und zur Umwelt. [...] Andrej schenkte mir ein kleines Pferdchen. Dem Äquator, der Hitze und den Kokosnüssen zum Trotz taufte ich es Taniuscha. [...] Ich habe sie selber gepflegt, geschrubbt, gefüttert. Auch sie war mir wohlgesinnt. [...] Als sich Taniuscha dick und gesund gegessen hatte, als ihr Fell schön und glänzend geworden war, veränderte sich ihr Charakter schroff; sie wünschte nicht, dass man sich auf sie draufsetzte. Tat man es doch, so bockte sie und begann rückwärts zu gehen. Und dann lief sie ins Innere der Insel davon. Andrej war gerade fort, er inspizierte häufig die Nachbarinseln. Mein Schlafzimmer hatte fünf Türen und ein Fenster. Alles sperrangelweit auf! Die Nächte auf Tahiti sind so lautlos, so satt, so gleißend, dass selbst die Schwarzen nachts niemals das Haus verlassen. Ich fürchtete mich irrsinnig, ich weinte vor Angst. Schließlich bat ich Tapu, sich vor die Tür zu legen. Gleich nach Taniuschas Flucht hatte ich die ganze Nacht hindurch geweint. Damals weinte ich oft. Tapu bemerkte es und dachte, ich weinte, weil ich befürchtete, mein Mann werde mich bei seiner Rückkehr wegen Taniuscha schlagen. Am Morgen sprach er zu mir: »Weine nicht, ich werde Taniussa finden, und dein tane (Ehegatte) wird nichts erfahren.« Er sandte in alle Richtungen lustige, schwarze Jungen aus, und Taniuscha wurde herbeigeschafft. Als Andrej zurückkam und von Taniuschas Flucht erfuhr, verkaufte er sie sofort. Er verhielt sich Pferden und Menschen gegenüber gleich, er fand, eine solch krasse Undankbarkeit dürfe man nicht ungestraft lassen.

aus: Viktor Šklovskij, *Zoo oder Briefe nicht über die Liebe*

bleibenden, immer kleiner werdenden Gestalt Liljas lange Zeit nicht vergessen. Doch die Distanz tut ihrem Verhältnis gut, ihre späteren Briefe zeugen von einer Vertrautheit und emotionalen Nähe, die im alltäglichen Nebeneinander so wohl nicht möglich gewesen wäre.

Von Stockholm reisen sie weiter nach London, wo André Triolet, der inzwischen die französische Armee verlassen hat, zu ihnen stößt. Elsa und André heiraten 1919 in Paris und machen sich alsbald auf die Reise – über New York und San Francisco – nach Tahiti.

Auf dieser Insel in der Südsee, Inbegriff für Exotik und paradiesische Weltabgeschiedenheit, verbringen die jungen Eheleute ein Jahr. Die Zeit auf Tahiti, die Elsa nicht gerade als sorgenfrei und unbeschwert in Erinnerung behalten wird, beschreibt sie später in ihrem ersten, André Triolet gewidmeten Buch *À Tahiti*. Elsa beginnt schon bald, sich nach der Heimat zu sehnen, nach dem russischen Winter, der Sprache, den Freunden. André ist nach wie vor liebenswürdig, lässt aber wohl keinen Zweifel daran, dass ihm auch die einheimischen Frauen ausgesprochen reizvoll erscheinen. Er bleibt immer häufiger über Nacht fort. Elsa erkennt, dass es ihr nicht möglich ist, ihr gesamtes bisheriges Leben umzukrempeln. Sie vermisst den Austausch in ihrer Muttersprache – ihre Versuche, André Russisch beizubringen, sind kläglich gescheitert – und sie vermisst kulturelle Anreize, die Poesie. 1920 kehrt sie als noch verheiratete Frau »ohne Beruf«, wie es in dem in Tahiti ausgestellten Reisepass heißt, nach Europa zurück. Aufgrund ihrer angeschlagenen Gesundheit – in Tahiti hat sie sich eine rheumatische Erkrankung zugezogen – verbringt sie einige Zeit an der Mittelmeerküste, bis sie in Paris wieder mit ihrem Mann zusammentrifft. Sie vereinbaren die endgültige Trennung, verzichten jedoch auf eine Scheidung, weil sie beide Vorteile darin sehen, weiterhin als verheiratet zu gelten.

Elsa fährt zunächst zu ihrer Mutter, die inzwischen bei ihrem Bruder in London lebt. Sie findet dort vorübergehend Arbeit bei einem Archi-

Elsa und André Triolet, genannt Petrowitsch.

Elsa Triolet über ihr Leben in Berlin
(Brief an die Schwester)

Elsa Triolet 1923 in Berlin.

In der neuen Wohnung habe ich mich eingelebt. […] Um hierher zu gelangen, muss man, woher man auch kommt, unter zwölf eisernen Brücken hindurchgehen. Das wird die Leute abschrecken, von den ›Linden‹ aus einen Katzensprung zu mir zu machen.

Mir sind immer noch drei Verehrer attachiert, sie verlassen ihren Posten nicht. Den dritten werde ich überhaupt nicht mehr los. Ich habe ihm meinen höchsten Orden verliehen, obwohl ich weiß, dass er sich leicht verliebt. Er schreibt mir jeden Tag ein oder zwei Briefe, bringt sie selber vorbei, setzt sich folgsam an meine Seite und wartet, bis ich sie gelesen habe.

Der erste schickt immer noch Blumen, wird aber immer trauriger. Der zweite, dem du mich unvorsichtigerweise anvertraut hast, besteht weiterhin darauf, dass er mich liebt. Als Gegenleistung verlangt er, dass ich mich mit allen meinen Sorgen an ihn wende. So ein Schlaukopf. Die Taxigebühr hat sich um das Fünftausendfache erhöht.

Obwohl ich hier geruhsam lebe, sehne ich mich nach London. Nach der Einsamkeit, dem gemessenen Tageslauf, der Arbeit von früh bis spät, der Badewanne und dem Tanz mit netten jungen Männern. Hier habe ich mir das abgewöhnt. Und ringsherum ist zuviel Not, als dass man sie auch nur für Augenblicke vergessen könnte.

Schreib mir bald, was es alles bei dir gibt. Ich küsse dich, du Liebe, du Allerschönste. Dank dir noch einmal für deine Liebe und Zärtlichkeit.

3. Februar 1923　　　　　　　　　　　*Alia*

aus: Viktor Šklovskij, *Zoo oder Briefe nicht über die Liebe*

tekten, die jedoch schlecht bezahlt wird und kaum ihr Auskommen sichert. Erst als Lilja sie besucht, kann sie es sich mit Hilfe ihrer Schwester leisten, zum Tanzen auszugehen, Ausstellungen und Museen zu besuchen. Im September 1922 fährt sie mit Lilja nach Berlin und trifft dort wieder mit Majakowskij, Brik, Šklovskij und Jakobson zusammen. Sie wohnen gemeinsam im Kurfürstenhotel. Majakowskij kann es sich inzwischen leisten, seine Angebetete mit riesigen Blumensträußen zu beglücken, die er ihr tagtäglich auf ihr Zimmer bringen lässt. Elsa zieht es vor, sich privat zwei Zimmer zu mieten, wo sie vor allem ihre russischen Freunde gelegentlich besuchen. Im Anschluss an die Oktoberrevolution waren viele ihrer Landsleute in den Westen emigriert. 1919 lebten bereits 70 000 Russen in Berlin, 1923 waren es gegen 300 000. Die Berliner nehmen sie mit offenen Armen auf, obwohl die wirtschaftliche Lage in Deutschland nicht gerade stabil ist. Russische Restaurants schießen ebenso aus dem Boden wie russische Geschäfte, Cafés und Kabaretts. Es entstehen russische Banken, Buchläden, Zeitungen und allein 87 russische Verlage. Der günstige Wechselkurs verstärkt noch die Anziehungskraft der deutschen Hauptstadt auf Elsas Landsleute. Erst 1925, als Deutschland und die junge Sowjetmacht sich durch umfangreiche Verträge annähern und der Rubel gegenüber der Mark deutlich an Wert verliert, werden viele von ihnen Berlin wieder verlassen, entweder um in die Heimat zurückzugehen oder um in andere europäische Hauptstädte weiterzuziehen.

Elsa kann sich nicht über einen Mangel an Verehrern beklagen, es werden ihr verschiedene Affären in dieser Zeit nachgesagt. Aber weder Freunde noch die wechselnden Liebesbeziehungen noch die grenzenlose Verehrung, die ihr Šklovskij entgegenbringt, können verhindern, dass sie immer wieder in depressive Stimmungen verfällt. Der kleine, glatzköpfige Viktor Šklovskij, nur drei Jahre älter als sie, lässt Elsa über seine leidenschaftlichen Gefühle nicht im Zweifel, aber Elsa

»*Damals lebten in Berlin viele alte und neue russische Freunde. Sie wurden meine Familie. Eine Familie, die nicht auf Verwandtschaft beruhte, sondern eine, die man sich im Laufe des Lebens erwirbt. Und die man allmählich wieder verliert ... Mit Majakowskij traf ich nur selten zusammen, dann aber suchte er sich mit mir zu zanken, und Lili musste, wie früher in Petrograd, eingreifen, den Streit zu schlichten.*«

Elsa Triolet

Viktor Šklovskij: Zoo oder Briefe nicht an die Liebe

Liebe Alia,

[...] Ich schreibe noch einmal. Ich liebe dich sehr.

Du bist die Stadt, in der ich lebe, du bist der Name des Monats und des Tages.

Ich schwimme, salzig und tränenschwer, fast ohne aus dem Wasser zu schauen.

Bald werde ich wohl versinken, aber auch dort unter dem Wasser, wo kein Telefon läutet, wohin kein Gerücht dringt, wo man sich nicht mit dir treffen kann, selbst dort werde ich dich lieben.

Ich liebe dich, Alia, und du zwingst mich, am Trittbrett deines Lebens zu hängen.

Meine Hände werden schon ganz klamm.

Ich bin nicht auf die Leute eifersüchtig, ich bin auf deine Zeit eifersüchtig.

Es ist mir unmöglich, dich nicht zu sehen. Was soll ich denn tun, wenn ich die Liebe durch nichts ersetzen kann?

Du kennst das Gewicht der Dinge nicht. Alle Menschen sind vor dir gleich, wie vor Gott. Was soll ich tun?

Ich liebe dich sehr.

Zuerst zog es mich zu dir, wie der Schlaf den Kopf des Reisenden im Eisenbahnwagen auf die Schulter des Nachbarn zieht.

Dann wurde mein Blick von dir gebannt.

Ich kenne deinen Mund, deine Lippen.

Um den Gedanken an dich habe ich mein ganzes Leben gespult. Ich glaube daran, dass du kein Fremdling bist; schau doch mal zu mir her.

Ich habe dich mit meiner Liebe erschreckt; als ich, anfangs, noch fröhlich war, gefiel ich dir besser. Das kommt von Russland, meine Teure. Wir haben einen schweren Gang. Aber in Russland blieb ich fest, erst hier begann ich zu weinen.

sieht in ihm nur einen guten Freund. Šklovskij, zutiefst überzeugt, dass Elsa schriftstellerisches Talent besitzt, ermuntert sie zum Schreiben, aber sie nimmt ihn nicht ernst. Erst durch einen Trick gelingt es ihm schließlich, der Schriftstellerin Elsa Triolet den entscheidenden Impuls zu geben.

1923 erscheint Šklovskijs Briefroman *Zoo oder Briefe nicht über die Liebe,* den er Elsa Triolet widmet. Er beschreibt dort tagebuchartig sein Leben im Berliner Exil und seine unglückliche Liebe zu der in dem Buch Alia genannten Frau. Wie sehr er unter Elsas mangelnder Zuneigung gelitten haben mag, geht aus den Vorworten zu den späteren Auflagen des Romans hervor. Die im Buch enthaltenen Briefe Elsa Triolets an den Freund und Landsmann sind ihre ersten Texte, die veröffentlicht werden und eine größere Leserschaft erreichen. Der Schriftsteller Maxim Gorki, der zu dieser Zeit ebenfalls im Exil in der Nähe von Berlin lebt, hält die Briefe der Frau für die besten des ganzen Buches und lädt die Verfasserin ein, einige Tage bei ihm zu verbringen, um mit ihr gemeinsam über eine zukünftige schriftstellerische Tätigkeit nachzudenken. Elsa zögert, aber sie beginnt schließlich doch, ihre Erinnerungen an die Zeit auf der Südseeinsel Tahiti aufzuschreiben. Das fertige Manuskript geht Gorki mit ihr zusammen noch einmal durch. *À Tahiti,* ihr erstes Buch in russischer Sprache, erscheint 1925.

Die letzten Seiten von *À Tahiti* verfasst sie schon in Paris, wohin es sie 1924 zieht. Für die folgenden Jahre wird das ein oder andere Zimmer in der ersten Etage des Hotels Istria in der Rue Campagne Première, einer Seitenstraße des Boulevard Montparnasse, zu ihrem Zuhause. Der Maler Fernand Léger hatte ihr zu diesem Hotel, das hauptsächlich Bohèmiens aus Künstler- und Literatenkreisen beherbergt, geraten. Gleichzeitig mit ihr wohnen dort u.a. der Fotograf Man Ray, der Maler Francis Picabia und dessen Frau, Marcel Duchamp sowie Kiki, Modell und Sängerin, die Elsa Triolet mehrfach in ihren Geschichten beschreiben wird und die ihr durch ihre überschäumen-

Viktor Šklovskij, 1922. Mit der Veröffentlichung von Elsas Briefen in seinem Roman *Zoo oder Briefe nicht über die Liebe* gab er Elsa Triolet den entscheidenden Impuls, es selbst mit der Schriftstellerei zu versuchen.

Elsa Triolet: Henri Castellat (1942)

»Es bleibt mir nichts mehr. Wer würde meinen, dass ich, die ich von so vielen geliebt werde, in meinen Augen von niemandem geliebt werde? Wer braucht mich so wie die Luft zum Atmen?«

Elsa Triolet

Liebe Jane, Sie werden in Kürze Besuch von Henri Castellat erhalten. Falls Sie sein bewundernswertes Buch über die französische Provinz noch nicht gelesen haben, dann lesen Sie es. Ein hübscher Junge, charmant und talentiert. Er ist es wert, und ich dachte, es würde Ihnen Vergnügen bereiten, ihn kennen zu lernen und in New York herumzuführen. Aber ich empfehle ihn Ihnen nicht! … Um die Dinge beim Namen zu nennen: er ist ein Feigling. Zu feige zu lieben, zu feige, etwas zu schaffen, zu feige, seine Haut anders zu verteidigen als durch Flucht. Nun hat ihn also die Angst zum Hellseher gemacht, er sieht den Krieg kommen und setzt sich nach Amerika ab, um ihm zu entgehen. […] Um nichts in der Welt würde Henri Hunger, Tod oder Gefängnis riskieren … Jetzt haut er ab. Ein widerlicher Kerl. […] Mir ist unbegreiflich, dass niemand aus meiner Umgebung zu bemerken scheint, wie widerlich Henri Castellat ist. […] Es gelingt mir nicht, mich diesbezüglich verständlich zu machen, man scheint gar nicht zu verstehen, was ich ihm vorwerfe. […] Und es stimmt, Henri Castellat ist reizend! Ohne Heuchelei, ohne falsche Liebeserklärungen, wenn er nicht liebt (aber wann liebt er?) […] Ich habe weiterhin eine Schwäche für ihn, und ich bin sicher, dass er Ihnen gefallen wird. Wir hatten immer schon denselben Geschmack … Henri seinerseits wird verrückt nach Ihnen sein, nach dem kleinen Mädchen in Ihnen. Wissen Sie, er ist keineswegs ein grober Klotz, im Gegenteil, dieser Mann besitzt eine außergewöhnliche, beinahe krankhafte Sensibilität. Und er schwärmt für den Typ der Jungfrau. Seine männliche Würde und sein männlicher Stolz geben sich nur mit einer Jungfrau zufrieden. Man beurteile seine Menschenwürde wie man mag … Aber ich rege mich schon wieder über ihn auf! Dieser Junge hat die Gabe, mich rasend zu machen, genug von ihm geredet …

de Lebensfreude sicherlich imponiert hat. Elsa lebt von den Unterhaltszahlungen ihres Mannes, der ebenfalls zeitweilig im Istria wohnt. Ein wenig Geld bringen auch Artikel ein, die sie mit Majakowskijs Hilfe bei einer Moskauer Zeitung unterbringen kann, und auch ihre Schwester lässt ihr immer wieder etwas zukommen. Aber ihr Leben in Paris ist teuer. Das Hotelzimmer bietet tagsüber kaum Aufenthaltsmöglichkeiten, so dass sie bereits zum Frühstück das in der Nähe liegende Café »La Closerie des Lilas« aufsucht, wo sie auch an ihren Büchern arbeitet. Ihrer Tanzleidenschaft frönt sie in dem benachbarten »Bal Bullier«, wo sie der allabendlichen Tristesse des Hotelzimmers entgehen kann. Mehrere Affären verlaufen enttäuschend. Mit dem Schriftsteller Marc Chadourne, der ihr mit seiner Unentschlossenheit und seiner ständigen, beruflich bedingten Abwesenheit zu schaffen macht, lebt sie eine unglückliche Beziehung, die sie später u.a. in ihrer Geschichte *Henri Castellat* literarisch verarbeitet. Sowohl Konrad aus *Camouflage* als auch Henri Castellat aus *Mille Regrets* sollen Züge des Schriftstellers tragen. Beide schaffen es aufgrund ihres zögerlichen Verhaltens Frauen gegenüber nicht, eine Beziehung aufrechtzuerhalten. Ebenso wie Chadourne setzt sich Castellat bei Ausbruch des Zweiten Weltkriegs nach Amerika ab, was die Autorin Triolet ihrem Helden als Feigheit auslegt.

Das Leben einer sich fremd und ungeliebt fühlenden Ausländerin, das allgegenwärtige Bewusstsein, nicht wirklich dazu zu gehören – nicht zu vergessen die finanziellen Nöte –, sind Erfahrungen, die die Schriftstellerin Elsa Triolet nachhaltig prägen und die melancholische Grundstimmung einer Vielzahl ihrer Bücher mitbestimmen. Sie denkt an eine Rückkehr nach Russland und steht vor der Entscheidung: wählt sie die Vertrautheit der Heimat, so bedeutet das gleichzeitig, auf die angenehmen Seiten des Lebens in der Fremde zu verzichten. Von Luxus kann sie zwar auch in Paris nur träumen, aber die Unannehmlichkeiten, die der Bevölkerung ihrer Heimatstadt zu schaffen machen,

Das Pariser Hotel Istria in der Rue Campagne Première erinnert heute mit einer Gedenktafel an die wilden und schöpferischen Zwanziger Jahre, in denen auch Majakowskij und Elsa Triolet zu den Gästen zählten. In der gleichen Straße befand sich die erste gemeinsame Wohnung von Aragon und Elsa, in der sie auch ihre Colliers für die Haute Couture anfertigte.

»1925 fing Moskau gerade erst mit Kuchenessen an. Es stopfte sich voll damit, es lächelte … Aber die Häuser Moskaus, kleine mit Kalk beworfene Häuser in den Farben provenzalischer Kapellen, rosa oder gelb, waren abgebröckelt, hatten Risse, stützten sich gegenseitig, um nicht zusammenzufallen, ihre Scheiben waren zerbrochen, ihre Dächer verrottet. Das Straßenpflaster war aufgerissen, in den Droschken hingen die Polster in Fetzen, die sehr spärlichen Autos wurden mit Stricken zusammengehalten, die Kotflügel waren verbeult, ohne eine Spur von Lack … Die überlasteten Straßenbahnen schwankten bedenklich … Das vollgestopfte, übervölkerte Moskau platzte aus allen Nähten.«

aus: Elsa Triolet, *Majakowskij*

liegen dort in weiter Ferne. Elsa ist nicht gerade glücklich in Paris, doch von ihren gelegentlichen Reisen nach Moskau kehrt sie immer wieder nach Paris zurück.

Die einzigartige Atmosphäre der französischen Hauptstadt zieht gerade in der Zeit zwischen den beiden Weltkriegen eine Vielzahl von Besuchern aus aller Welt an, die sich in der französischen Hauptstadt niederlassen. Die kosmopolitische Bohème, Künstler und Literaten, treffen sich in den Cafés und Restaurants am Boulevard Montparnasse und begründen damit den bis heute andauernden Ruhm der Künstlercafés »La Closerie des Lilas«, »Le Dôme«, »Le Sélect«, »La Rotonde« und »La Coupole«. Es sind die ›années folles‹ bzw. ›the roaring twenties‹, die ein Lebensgefühl zur Blüte bringen, das mit den Schlagwörtern Lebensfreude, Begeisterung und Freiheit umrissen werden kann. Am Montparnasse findet dieses Lebensgefühl Ausdruck wie an kaum einem anderen Ort. Aber es ist auch der Ort, an dem sich die Vertriebenen, die Heimatlosen aus aller Welt zusammenfinden. Und inmitten des ganzen Trubels wird den Fremden ihre Einsamkeit, ihr Anderssein und ihre Isolation umso bewusster. Später wird Elsa Triolet das Schicksal von Emigranten unterschiedlichster Nationalität in ihrem Buch *Le rendez-vous des étrangers (Das Treffen der Ausländer)* beschreiben, das 1956 erscheint.

Elsa Triolet stürzt sich in den Trubel und lässt kaum eines der vielen Feste aus. Manch einem mag sie tatsächlich als amüsierwütige, »männermordende Russin«[1] erscheinen. Doch inmitten des allabendlichen wilden Treibens, der vielen Partys und Kostümfeste hat sie nie das Gefühl, wirklich dazu zu gehören. Wieder und wieder beklagt sie sich in ihrem Tagebuch über den Mangel an Liebe.

Wie auch Anne Favart aus der Geschichte *Die Frau mit dem Diamanten* zieht sie die »Unterhaltung mit sich selbst« dem oft unbefriedigenden Zusammensein mit irgendwelchen »Leuten« vor. Und wie Anne Favart schreckt auch Elsa Triolet angsterfüllt aus dem Schlaf

Le Sélect.

»Der Zufall, der meine Schritte zum Montparnasse gelenkt hatte, war schlauer als ich: es war wohl der einzige Ort in Paris, an dem ich existieren konnte. Ich war dort nicht die einzige, die allein war.«

Elsa Triolet

Elsa Triolet: Die Frau mit dem Diamanten (1938)

Wie viele Tage, Wochen, Monate …

Anne schlendert ziellos durch die Straßen. Alles fällt ihr schwer. Sie fühlt eine unglaubliche Leere in sich, eine Leere, in der früher Erlebtes noch nachklingt. Das Leben beginnt nicht mehr in der Zukunft, das Leben ist bereits Vergangenheit. Sie ist nicht unglücklich. […]

Hat sie jetzt schon Wahnvorstellungen? Sie müsste unbedingt ihre Nerven schonen. Wie sich die Geräusche einer Stadt verändern, wenn man von Hoffungslosigkeit erfüllt ist. Die Grausamkeit der Vorübergehenden […].

Anne versinkt erneut in Einsamkeit. Aber warum soll man sagen »versinkt«? Die Einsamkeit ist ohne Lüge, ohne Morast. Es ist viel sicherer und auch viel interessanter, mit sich selbst zu reden als mit anderen. Bei geschlossener Tür, in seinen vier Wänden. Anne hatte das Gefühl, endlich einen Freund gefunden zu haben, dem man alles sagen konnte, der alles verstand, der sich für alles interessierte, was sie betraf. Wem hätte sie von diesem Wachtraum neulich nachts erzählen können? Sie schlief, als sie plötzlich mit dem Gefühl, dass irgendetwas auf der Straße vorging, aus dem Schlaf hochfuhr. Was ist das? Krieg? Revolution? Die Straßen sind voll von gemeinen, bedrohlichen Leuten, und irgendetwas kündigt sich an, irgendetwas wird passieren, und schon … Und all diese Leute, ganz Paris ist gegen sie, gegen den Nachbarn … Nein, wenn es galt, solche Ängste zu ertragen, war es besser zu sterben! Sie schlief wieder ein.

hoch. Die z.T. wörtlichen Übereinstimmungen zwischen ihren Tagebuchnotizen und Passagen aus *Die Frau mit dem Diamanten* sind einmal mehr ein Zeichen dafür, dass die quälenden Gedanken ihrer Heldinnen von der Autorin nicht erfunden werden mussten.

Wenn Majakowskij gelegentlich nach Paris kommt und dort im selben Hotel absteigt, in dem auch Elsa wohnt, lebt sie merklich auf. Er spricht selbst kein Wort Französisch und ist daher bei sämtlichen Unternehmungen auf sie angewiesen. Gemeinsam besuchen sie zum ersten Mal Pablo Picasso in seinem Atelier und treffen mit verschiedenen russischen und französischen Künstlern zusammen. Elsa und Majakowskij kommen mittlerweile einigermaßen gut miteinander aus, obwohl er nach wie vor recht heftig reagiert, wenn sie sich seiner Meinung nach zu intensiv mit jemand anderem beschäftigt und ihm nicht ausschließlich zur Verfügung steht. Elsa hasst diese öffentlichen Szenen. Als großen »Freundschaftsbeweis« empfindet sie jedoch, dass er sich bereit erklärt, eines ihrer Manuskripte mit ihr durchzugehen. Er berät sie in stilistischen Fragen und empfiehlt ihr, mit ihrem literarischen Material sparsam umzugehen. Oft stößt auch André Triolet zu den beiden, der es sich nicht nehmen lässt, mit Majakowskij zusammen die elegantesten Pariser Herrenausstatter zu besuchen und ihn dort in Kleidungsfragen zu beraten. Mit Elsa sucht Majakowskij die entsprechenden Pendants für das weibliche Geschlecht auf, in der Hand einen Zettel, auf dem Lilja detailliert vermerkt hat, was Majakowskij ihr aus der französischen Hauptstadt unbedingt mitbringen muss: Kleider, Parfums, Seidenstrümpfe. Elsa hilft ihm, berät ihn, probiert an Liljas Stelle an. Sie hat sich inzwischen, trotz der häufigen Geldknappheit, die von ihr idealisierte und in einigen ihrer Bücher thematisierte Eleganz einer Pariserin zu eigen gemacht. Möglicherweise berät ihr dandyhafter Noch-Ehemann nicht nur Majakowskij, sondern auch sie selbst. Das Verhältnis zu ihrem Mann, den sie liebevoll Petro-

> *»...selbst wenn du wieder heiraten solltest, wirst du immer meine einzige Vertraute bleiben, meine wirkliche Mutter, der man alles sagt, das Schlechte und das Gute, die nicht urteilt, die liebt ...«*
>
> André Triolet

Elsa Triolet: Tagebucheintrag vom 5. November 1928

Ich glaube, ich muss mir Veronal kaufen. Werde ich es tun oder nicht? Misstrauen, Hass auf die Menschen. Warum hat man mich ans Ende des Tisches gesetzt, warum hat man kaum mit mir gesprochen, mich kaum angesehen – warum hat man mich nicht angerufen, nicht eingeladen?. Das Leben schmerzt mich zu sehr. So als liefe man auf Glasscherben. Wolodja liebt nur »siegessichere« Frauen, deswegen liebt er mich so wenig und behandelt mich so betont lässig. Ich bin, wie man so sagt, »eine Frau am Boden«, also dazu da, geschlagen zu werden. Aragon, Tual – jedenfalls bin ich nicht in der Lage, die Schlacht zu gewinnen, ich bin inoffensiv – und dazu ohne Leidenschaft.

aus Elsa Triolet, *Écrits intimes*

Louis Aragon, 1923. (Foto Man Ray)

witsch nennt, ist nach wie vor von zärtlicher Zuneigung und aufrichtiger Freundschaft geprägt. In dieser Zeit, in der sie selbst sich immer wieder enttäuscht von einer neuen Hoffnung auf Liebe verabschieden muss, leidet sie zusätzlich unter Andrés wechselnden Freundinnen. Er selbst äußerte André Thirion, dem surrealistischen Weggefährten Aragons, gegenüber einmal, er könne nicht länger als drei Jahre mit einer Frau zusammen sein und sein Lieblingssport sei nun mal die Eroberung des weiblichen Geschlechts.[2] Aber Elsa nimmt nach wie vor eine Sonderstellung ein. Auch Triolet ermuntert sie zur Schriftstellerei. Mit Erfolg. *À Tahiti, Fraise-des-Bois* und *Camouflage* erscheinen im Abstand von nur drei Jahren in russischen Verlagen. Die Bücher starten mit einer relativ hohen Auflage. Mit den ersten beiden erzielt sie in ihrer Heimat zumindest einen Achtungserfolg. Ihr drittes Buch, *Camouflage* (1928), fällt durch. Waren die angeblichen stilistischen Schwächen oder die morbide Schwermut des Buches, dessen eigentliches Thema laut Elsa Triolet »*die Angst (oder die Feigheit?) vor dem Leben*«[3] ist, dafür verantwortlich? Tatsächlich interessiert sich die Leserschaft in ihrem Heimatland nicht sonderlich für die Schwierigkeiten, denen sich die Romanfigur Varvara in der Fremde ausgesetzt sieht. Der Misserfolg treibt Elsa damals an den Rand des Selbstmords. Heute kann das Buch als eine Art Schlüsselroman gelesen werden.

Am 5. November 1928 – Majakowskij ist gerade in Paris und trifft an diesem Tag erstmals mit Aragon zusammen – vertraut Elsa Triolet ihren Lebensüberdruss dem Tagebuch an. Aragon – der Name des französischen Schriftstellers, dessen Bücher sie kennt und den sie bisher nur von weitem gesehen hat, taucht an gleicher Stelle zum ersten Mal in ihrem Tagebuch auf. Für den folgenden Tag ist sie mit ihm in der Bar »La Coupole« verabredet. Bis zu ihrem Tod wird er von diesem Tag an immer an ihrer Seite sein.

»Vertrage mich mit Elsa und André sehr gut habe ihr von Dir und mir einen Pelz kredenzt essen früh und mittag zusammen. […] Kleide mich unter Andrés leitung stück für stück ein habe schon hühneraugen vom anprobieren. Enthusiasmus empfinde ich dabei aber nicht. Widmeten gleich den ankunftstag Deinen Wünschen …«

Majakowskij
Brief an Lilja

Louis Aragon 1923. (Foto Man Ray)

Aragon oder Il n'y a pas d'amour heureux

1927 wird das »Coupole« mit einer rauschenden Party eröffnet. Auf 1600 Quadratmetern gibt es ein Café, eine Brasserie, ein Restaurant und eine Bar, wo sich tagtäglich ein internationales Publikum trifft. Wählte man am Montparnasse sein Stammcafé bisher nach Herkunft und Sprache aus, so sind im Coupole verschiedene Nationalitäten mit jeweils einem eigenen Tisch vertreten. Hier ist es größer, strahlender und prächtiger als bei der Konkurrenz. Allein vierhundertachtzig Angestellte kümmern sich um die illustren Gäste, die es dem Wunsch der Besitzer entsprechend möglichst schon zu einer gewissen Prominenz gebracht haben sollen. Das Konzept geht auf. Tatsächlich erscheinen sie alle irgendwann im Laufe des Tages in dem Luxustempel. Maler und Modelle, Poeten und Musen, Literaten, Kritiker, Verleger, Menschen, die die Kultur des Jahrhunderts mitgeprägt haben, wie Salvador Dalí, Pablo Picasso, Max Jacob, Man Ray, Kiki, Sergej Prokofieff, George Gershwin, Ernest Hemingway, Henry Miller, Anaïs Nin, um nur einige der bekanntesten unter ihnen zu nennen. Nur die Surrealisten um André Breton meiden diesen Ort, sie bevorzugen das Café »Certa« in der Passage de l'Opéra auf dem rechten Seineufer.

Der *Pariser Bauer* (1926 bei Gallimard erschienen) zählt zu den Hauptwerken des Surrealismus.

Louis Aragon schaut häufiger mal im Coupole vorbei, hauptsächlich seinen amerikanischen Freunden zuliebe, die hier verkehren. Als Schriftsteller hat er mit seinen 31 Jahren schon von sich reden gemacht. Sein 1926 erschienenes Buch *Der Pariser Bauer* zählt heute zu den Hauptwerken des Surrealismus, auch wenn es mit seinen weitgehend deskriptiven Passagen genau dem zu entsprechen scheint, was Breton zwei Jahre zuvor im *Ersten Manifest des Surrealismus* heftigst kritisiert hatte. Aber Aragons Abweichen von theoretischen Vorgaben – auch eigenen – durchzieht sein gesamtes Werk. Er beschreibt in diesem Buch die Großstadt Paris aus der Sicht eines

Louis Aragon: Spiegelbilder (1965)

La Coupole, Ort der ersten Begegnung zwischen Elsa Triolet und Louis Aragon am 6. November 1928.

Ich wusste nichts von dieser Frau, ein Freund erzählte mir von einer Frau, zu jener Zeit hörte ich nie auf das, was die Lippen eines anderen hinzufügen, es war für mich eine Zeit, die mir bei meinen damaligen Zukunftsaussichten nicht die Zeit ließ, eine Frau auszusuchen. Durfte ich es mir überhaupt leisten, eine Versuchung auszuschlagen – die nächste, wer weiß, könnte die letzte sein. [...] Jener Freund hatte mir von einer Frau erzählt, ich vermag nicht einmal zu sagen, ob es ihr fremdartiger Name war, der mir so gar nicht nach einer Frau klang – hatte ich ihn überhaupt gehört? –, weshalb ich ja gesagt hatte. Um fünf Uhr, morgen oder übermorgen, Dienstag glaube ich, und im übrigen lauschte ich den Worten dieses Freundes stets nur wegen ihres pittoresken Wesens, er log, wie man atmet, oder vielmehr umgekehrt, er atmete, wie man lügt, niemand war ihm deshalb böse [...]

Man kann nichts aus der Mitte heraus erzählen. Alles andere – ich weiß, aber wer hört mir zu? Allein du ... Ich habe es dir selbstverständlich gesagt, hundertmal, hintereinander, brockenweise, unter Tränen, wenn wir nicht schliefen, in langen Nächten, in kurzen Augenblicken. Wie soll ich wissen, weshalb das alles für dich damals ein Herz haben konnte? Jahre und Jahre sind vergangen, und alles, was du mir eingestanden hast, war, dass ich ein kurzes Jackett und eine dunkle Hose trug, die über dem Gesäß wie ein Klavier glänzte. Du lachst? Ach, lache nicht. [...]

(Fortsetzung auf Seite 94)

»surrealistischen Ichs«[1], das sich an zwielichtigen Orten wie der Passage de l'Opéra und dem Parc aux Buttes Chaumont aufhält und dort – anders als der eher passive Flaneur des 19. Jahrhunderts – nach interessanten Erlebnissen und Erfahrungen Ausschau hält. Nachdem Elsa Triolet das Buch in der *Révue européenne* gelesen hat, will sie Aragon unbedingt kennen lernen. Ist es die hymnische Verehrung der Liebe, die spürbare Suche nach dem Absoluten? Oder ist es die hohe Sprachkunst und die Leidenschaftlichkeit, die in jedem Wort des Autors erkennbar sind?

Elsa lässt sich also zunächst von seinen Worten verführen. Sie bittet einen gemeinsamen Freund, Roland Tual, der sie häufig im Istria besucht, in ihrem Namen eine Verabredung mit dem Dichter zu treffen. Elsa sichert sich ab, sie geht nicht allein zu dem Treffen. Wladimir Pozner soll sie begleiten, nachdem er zuvor die Anweisung erhalten hat, sich, wenn alles gut läuft, schleunigst aus dem Staub zu machen oder sie gegebenenfalls zum Aufbruch zu drängen.

Am 6. November 1928, um fünf Uhr nachmittags, durchschreitet Elsa Triolet die Drehtür der Bar La Coupole, eine Szene, die Agnès Varda später in ihrem Dokumentarfilm *Elsa la Rose* aus dem Jahre 1967 nachstellte. Pozner zieht sich schon bald mit einer Entschuldigung zurück, alles läuft gut: Aragon begleitet Elsa an diesem Abend in ihr Hotelzimmer und verbringt dort mit ihr die erste gemeinsame Nacht: Geburtsstunde eines Mythos.

War es nun endlich die von Elsa so lang herbeigesehnte absolute Liebe? Unzählige Male wird Aragon später davon sprechen, dass sie ihn gerettet habe, dass er sich ohne sie umgebracht hätte und doch hatte das Paar mit einigen Anfangsschwierigkeiten zu kämpfen.

Aragon hatte gerade die aufreibende Beziehung zur englischen Millionenerbin Nancy Cunard beendet, aber noch nicht überwunden, und sich zwischenzeitlich mit einer neuen Freundin getröstet. Elsa dagegen scheint sich von Anfang an ziemlich sicher zu sein, endlich

»Ich hatte Der Pariser Bauer *gelesen, und weil nichts anderes mir näher, eigener, verwandter, wie man im Russischen sagt, hätte sein können, wollte ich den Mann kennen lernen, der dies geschrieben hatte. Ich bin dir begegnet und bin in Frankreich geblieben. Das war im Jahr 1928.«*

Elsa Triolet

Die englische Millionenerbin Nancy Cunard und Louis Aragon, beide verband 1926-1928 eine leidenschaftliche Liaison. (Foto Man Ray)

Ich liebte dich nicht. Kannst du dir das vorstellen? Ich liebte dich nicht. Du wirst sagen, das ist nett von dir, ich hatte dich ja nie gesehen, nie mit dir gesprochen, wusste nichts von dir, nicht einmal, das es dich gibt [...] Und dann, was war ich für dich? Du hattest eines meiner Bücher gelesen, ja, das machte deine Überlegenheit in der Sache aus. Und sogar, dass es dieses Buch war, das dich bewog, zu meinem Freund zu sagen, als er dir erzählt hatte, dass er mich kannte – zufällig log er nicht –: Sie kennen ihn, ich würde ihm gern einmal begegnen, ich habe sein Buch gelesen. – Welches? fragte er. – Na, das Buch da, wissen Sie, es spielt auf dem Lande ... Er hat mir gesagt: Sie bewundert, was du schreibst. Aber schließlich lügt er immer ... Gut, sehen wir uns die Frau mal an. Zunächst füllte das die fünfte Nachmittagsstunde aus. So, wie ich mir damals einredete, in eine andere verliebt zu sein, eine Deutsche. Übrigens nicht deutscher als du und ich. Ich gab mir den Anschein, eine andere deshalb nicht mehr zu lieben, eine Engländerin. Eins war zu Ende, und das andere hatte nicht begonnen. All das müsste erklärt werden. Das Leben ist nicht einfach. [...] Wie dem auch sei, vielleicht ist es sehr nett von ihm, diese Frau mitzubringen. Vielleicht hat er Angst um mich. Er konnte es jedoch nicht wissen. Manchmal ahnt man es [...]

(Fortsetzung auf Seite 96)

den Mann ihrer Träume gefunden zu haben: er ist Franzose, Dandy und Dichter – charmant, elegant und unglaublich eloquent.

Louis Aragon wurde am 3. Oktober 1897 in Paris geboren, Vater und Mutter unbekannt, so hieß es. In Wirklichkeit entstammt das Kind einer außerehelichen Liaison zwischen der vierundzwanzigjährigen Marguerite Toucas-Massillon mit dem mehr als doppelt so alten, verheirateten Rechtsanwalt Louis Andrieux. Der Säugling wird zunächst zu einer Amme in die Bretagne gegeben, um der Familie Gelegenheit zu geben, die ruchbare Angelegenheit zu vertuschen. Als er nach dreizehn Monaten in den Schoß der Familie zurückkehrt, ist man umgezogen und hat die Familienverhältnisse retuschiert: seine Mutter wird als seine Schwester ausgegeben, sein Vater als Patenonkel, seine Großmutter als Adoptivmutter. Getauft wird er auf den Namen Aragon, den sich irgendjemand ausgedacht hat. Seine Mutter führt zunächst eine Familienpension, die von Gästen aus aller Welt besucht wird. Für ausländische Frauen wird sich Aragon im übrigen ein Leben lang begeistern. Seine Kindheit ist geprägt von ständigen Geldnöten, die durch geistige Anregung und liebevolles Verwöhnen durch die ›Schwestern‹ wettgemacht wird. Er erfährt erst im Alter von zwanzig Jahren, kurz bevor er in den Krieg ziehen muss, dass die Frau, die er bisher für seine Schwester hielt, in Wirklichkeit seine Mutter ist. Bereits mit sechs Jahren schreibt der junge Louis seinen ersten Roman. Er liest unglaublich viel, bis man ihm gar den Schlüssel für die Bibliothek wegnimmt. Die Leidenschaft für Bücher wird die Geschichte seines Lebens bestimmen.

Nach Beendigung der Schule schreibt er sich seiner Mutter zuliebe an der Medizinischen Fakultät ein. Im Rahmen seiner Ausbildung zum Hilfsarzt begegnet er in einem Krankenhaus dem achtzehn Monate älteren André Breton. Die beiden stellen bald eine seltene Übereinstimmung ihrer Vorlieben für bestimmte Dichter und Schriftsteller fest: Mallarmé, Rimbaud, Apollinaire und vor allem Lautréamont. In

»Fast hätte ich nicht auf Dich gewartet. Endlich kamen die Zeiten von Dir.«
Louis Aragon

»Wir waren reif für unsere Begegnung.«
Elsa Triolet

Elsa Triolet und Louis Aragon 1929
im Bois de Boulogne.

Er sagte: Sie müssten diese Frau sehen. – Welche Frau? – Die, von der ich Ihnen erzählt habe, die das bewundert, was Sie schreiben. Er fügte sogar hinzu: Das ist genau das, was Sie brauchen, die richtige Frau für Sie. Ich habe dem keine Beachtung geschenkt, er redete fortwährend solche Dinge daher. Man kann nicht immer darauf achten. [...] Um fünf Uhr nachmittags übrigens. Dienstag. Es war ein Dienstag? Oder ein anderer Tag. Sie trug ein beigefarbenes Barett, wie es in jenem Jahr Mode war, als Kappe über die Ohren gezogen, der Pelzmantel, aus einem Pelz, den ich nicht kannte – braun und gelblich, gleichsam gestreift –, öffnete sich über einem schwarzen Hemdblusenkleid; ich habe gleich einen Blick auf ihre Beine geworfen. [...]

Ich habe Madame *zu dir gesagt ... das einzige Mal im Leben.*

Über was konnten wir beide, wir drei nur sprechen? Ich habe nicht den geringsten Begriff davon, nicht die geringste Erinnerung. Zumindest gab es zwei Unterhaltungen: eine, die man hören konnte, und das, was du den Hintertext nennst. [...] Ich befand mich in dem Abschnitt meines Lebens, in dem ich gestürzt wäre, hätte ich den Schritt verlangsamt. Ich konnte nicht mehr allein bleiben, es wäre mir irgend etwas zugestoßen, ich hätte Zeit zum Überlegen gehabt. [...]

Worüber sprachst du mit mir? Ich hatte nur noch einen Gedanken. Wenn Raoul doch gehen wollte, wenn er doch endlich gehen wollte! Hat er dich mir etwa hergebracht, um unserer Unterhaltung zuzuhören? Mein Glück war, dass er zum Abendessen erwartet wurde. Ich konnte dich schließlich nicht plötzlich an den Händen nehmen. Ich vermochte mir nichts anderes vorzustellen als Tollheiten. [...]

(Fortsetzung auf Seite 98)

ihrem gemeinsamen Zimmmer lesen sie sich gegenseitig aus Lautréamonts *Gesängen des Maldoror* vor, die damals nur wenigen Eingeweihten ein Begriff waren.

Aragon und Breton geben ihr Medizinstudium 1921 auf und gründen mit dem ›dritten Musketier‹ Philippe Soupault die Zeitschrift *Littérature,* deren erste Ausgabe am 19. März 1919 erscheint. Beide gehörten zum Kern der Pariser Dadaistengruppe. Ihre Tätigkeit als Privatsekretäre des berühmten Modeschöpfers, Kunst- und Büchersammlers Jacques Doucet sichert ihnen ein bescheidenes Auskommen. Gemeinsam werden sie auch 1927 der Kommunistischen Partei Frankreichs beitreten. Der Erste Weltkrieg hatte die jungen Männer dermaßen traumatisiert, dass sie nunmehr sämtliche Konventionen in Frage zu stellen begannen, eine Geisteshaltung, die sich in ihrer konstituierenden Mitgliedschaft in Bewegungen wie Dada und Surrealismus und in ihren politischen Idealen niederschlug. Aragons erste Gedichtsammlung erscheint 1920, sein erster Roman *Anicet ou le panorama* 1921. Als Breton 1924 das *Erste Manifest des Surrealismus* veröffentlicht und die erste Nummer der Zeitschrift *La Révolution Surréaliste* erscheint, ist die Gruppe bereits seit zwei Jahren öffentliches Gesprächsthema. Die Gründung des *Bureau Central des Recherches Surréalistes* (1924), ihre Versuche des ›automatischen Schreibens‹, die von ihnen angestrebte Revolution durch die Macht des Unbewussten sind aus der französischen Literaturgeschichte nicht mehr wegzudenken. Dabei darf nicht vergessen werden, dass die Surrealisten sich – zumindest in den Anfangsjahren – nicht in erster Linie als eine literarische Bewegung verstehen, sondern auf eine Veränderung des Menschen selbst sowie der menschlichen Beziehungen zielen. Sie lieben den Skandal, ihre Aktionen sind bewusste Provokationen.

Mittlerweile gehören der Gruppe auch Paul Éluard, Max Ernst, Francis Picabia, Man Ray, Marcel Duchamp und Benjamin Péret an. Der Höhepunkt ihrer skandalträchtigen Auftritte findet bei einem Ban-

»*Ein Grundzug des Werkes Aragons, der dieses vielleicht in besonderem Maße aus der zeitgenössischen Literatur heraushebt ist sein leidenschaftlicher Charakter. […] Dieser leidenschaftliche Charakter des Werkes, dem eine Sprache voller Glanz und Sinnlichkeit zu Gebote stehen, gibt ihm etwas Verführerisches.*«

Wolfgang Babilas

Mein Gott, wie ich dir gefallen wollte! Ich sagte mir, wenn ich ihr nicht gefalle, was brauche ich dann noch auf Weihnachten zu warten? Oder auch nur auf den 15. Dezember ... Du willst wissen, was mein Hintertext war? [...] der Hintertext, du weißt, dieses andere Zimmer, das ich dir nicht zu beschreiben brauche, der Hintertext in der schreienden Süße deiner Arme, wusstest du denn, wovon er sprach, mir ins Ohr sprach, die ganze Zeit über? Oh nein, meine Geliebte, nicht mehr von dieser Frau. Der Hintertext des Lebens, Fougère, ist einzig und allein der Tod. Du wusstest nicht, dass ich sterben wollte, als du mich in deine Arme nahmst. Ich wusste nicht, dass ich leben würde [...]

Doch erinnere dich an den, der eines Tages zu dir gesagt hat: Ich liebe dich [...] ich liebe dich –, *diese Worte für ein ganzes Leben ... Und dass nicht ein Tag unseres langen Todes vergangen ist, an dem er sie dir nicht wiederholt hat, im Bett, am Tisch, in einer Tür, irgendwo, und am Abend wie am Morgen, selbst ohne die Lippen aufzutun, selbst ohne die Augen aufzutun – so, dass er sie aussprach, und so, dass er sie verschwieg –, allein mit dir und vor allen anderen, wie eine Besessenheit, eine Besessenheit, der er nicht zu wehren vermag, die den Weg ins Ohr nehmen muss, und wenn das nicht sein kann, ist es unerträglich, tut es weh, ich habe blutige Lippen davon ... Jener, der zu dir gesagt hat:* Ich liebe dich – *und die sieben oder acht Wochen, die er damit gewartet hat, waren der Hundertjährige Krieg, waren das Jahrhundert, das Dornröschen schlief, waren eine Ewigkeit, eine unbegreifliche Ewigkeit, diese armseligen, kurzen sieben, acht Wochen weit hinter uns [...]*

Jener, der zu dir gesagt hat: Ich liebe dich, *[...] hast du denn vergessen, dass ich es war.*

kett in der »Closerie des Lilas« im Jahre 1925 statt, das zu Ehren des von ihnen bewunderten Dichters Saint-Pol Roux veranstaltet wird. Ihrer Meinung nach wird diesem eine solch bürgerliche Veranstaltung nicht gerecht. Das Bankett endet mit einer Massenprügelei, bei der es sogar zu Verhaftungen kommt. An diesem Abend ist Elsa Triolet eine der Passantinnen, die kopfschüttelnd dem Treiben der Surrealisten zusehen. Aber erst drei Jahre später lernt sie die Mitglieder der Gruppe häher kennen.

Aragons Gefühlsleben wurde vor seiner Begegnung mit Elsa insbesondere von zwei unglücklich verlaufenden Beziehungen geprägt. Seine Liebe zu Denise Lévy, einer Cousine Simone Bretons, blieb unerwidert. 1926 begegnet er Nancy Cunard, einer großen, überschlanken Frau mit großen Augen und dünnen Lippen, deren bizarre Schönheit Künstler wie Kokoschka und Man Ray verewigten. In den zwanziger Jahren gelangt die gebürtige Britin nach Paris, wo sie in Künstler- und Literatenkreisen verkehrt, u.a. mit James Joyce, Ezra Pound und Samuel Beckett. Sie bewohnt ein Appartement auf der Ile St.Louis und führt ihren Geliebten an die mondänen Orte in Paris und im Ausland. Selbstverständlich kommt sie für die Kosten auf, und Aragon lässt sich den plötzlichen, bisher nie gekannten Luxus zunächst auch gefallen. Aber sie ziehen nicht nur gemeinsam durch teure Restaurants und Nachtclubs. Nancy schreibt auch selbst Gedichte, und mit Aragon zusammen übersetzt sie Lewis Carrolls *The Hunting of the Snark,* das im eigenen, mittlerweile gegründeten Verlag *The Hours Press* erscheint. Nancy Cunard ist der Prototyp der modernen, unabhängigen Avantgarde-Frau, die sich trotz ihrer Leidenschaft für Aragon gelegentliche Affären mit anderen Männern nicht untersagen mag und dazu auch steht. Von Eifersucht gepeinigt fühlt sich Aragon von der Oberflächlichkeit ihrer reichen Freunde und seiner Rolle als Gigolo zunehmend angewidert. Im Sommer 1928, auf dem Höhepunkt ihrer Streitigkeiten, unternimmt Aragon in Venedig einen

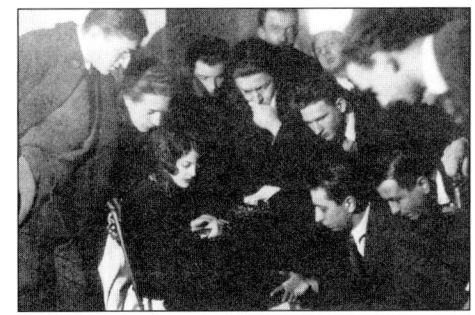

Foto von einer Sitzung im Bureau Central des Recherches Surréalistes.

»Aber jede Bewegung hat ihre Unruhestifter, und davon hatten die Surrealisten mehr als genug, da sie ein geistiges Bündnis bildeten, für die das Adjektiv »frech« fast zu schwach ist.«

Valérie Bougault

Louis Aragon und André Breton. (Foto Man Ray)

Das Ende ihrer Freundschaft bedauern sie,
machen es aber nie wieder rückgängig.

Selbstmordversuch, wird aber rechtzeitig gefunden. Seine Beziehung zu »Nane« ist damit offiziell beendet, tatsächlich fällt es ihm jedoch schwer, sie zu vergessen. Sie taucht in mehreren seiner Bücher als Romangestalt wieder auf, noch Jahre später schreibt er Gedichte über sie.

Die überstürzt eingegangene Beziehung zu der österreichischen Schauspielerin Lena Amsel vermag Aragon nur vorübergehend zu trösten. Die sportliche junge Frau gefällt ihm durch ihre Lebenslust und ihr unkompliziertes Auftreten. Als er Elsa kennenlernt, kommt es schon bald zu einer Begegnung zwischen den beiden Rivalinnen, aus der Elsa als ›Siegerin‹ hervorgeht. André Thirion, der damals mit Aragon zusammenwohnte, beschreibt später das Aufeinandertreffen der Frauen, das Aragon zu sofortiger Flucht veranlasst.[2] Er hat eigentlich gar nicht vor, sich zu entscheiden, will den Dingen lieber ihren Lauf lassen. Und so entscheidet Elsa. Sie kann die Jüngere davon überzeugen, dass ihre Absichten in bezug auf Aragon ernsthafter sind, dass sie eine gemeinsame Zukunft mit ihm plant und nicht nur auf eine Affäre mit ihm aus ist. Gemeinsam treten die beiden Frauen vor Aragon, und Elsa setzt ihn über die Vereinbarung in Kenntnis. Aragon lauscht schweigend.

Elsa zieht zunächst zu Aragon in die Rue du Chateau, wo er seit einiger Zeit mit Georges Sadoul und André Thirion zusammen wohnt. Die drei hatten sich gegenseitig über ihren Liebeskummer hinweggetröstet, nächtelang bei etlichen Flaschen Wein über Frauen diskutiert und einander vorgelesen. Ständig ist Besuch im Haus, so dass von trauter Zweisamkeit der Jungverliebten keine Rede sein kann. Schon vor längerer Zeit hat Aragon ein winziges Atelier in der Rue Campagne-Première Nr. 5 angemietet, das er aber bisher nur mehr als Abstellraum benutzt hatte. Dieses wird nun zu ihrer ersten gemeinsamen Wohnung. Erst 1935 tauschen sie das Atelier gegen eine größere Wohnung ein.

»Natürlich haben sich die Dinge sehr verändert, wir leben zusammen. Wir verlassen mein Istria für ein Atelier. Eine unglaubliche Sache in meinem Leben. Wir haben schöne Tage gehabt, waren verliebt, und all meine Lenas sind unter der Erde verschwunden. Aber die mir eigene Durchtriebenheit erfindet Mittel und Wege, um unglücklich zu sein. Ich glaube an nichts, ich zweifle alles an, ich verdächtige jeden. Aber was erwartet mich, wenn ich gehe? Die absolute Langeweile.«

Elsa Triolet

Elsa Triolet: **Colliers de Paris** (1933)

»Am Anfang wurden wir im Haus schlecht aufge-nommen.«

Wir wohnen am Montparnasse [...]. In den winzig kleinen, billigen Wohnungen gibt es weder Wasser noch Strom. Die Beleuchtung funktioniert mit Gas. Wasser gibt es im Treppenhaus oder im Hof; die Stehtoiletten befinden sich ebenfalls dort. Wir wohnen in einem Atelier, von denen es insgesamt zwei im Haus gibt. Der Eigentümer hat uns erlaubt, Strom zu legen, nicht jedoch, Toiletten einzubauen, mit der Begründung, er sehe nicht ein, dass man sein Haus kaputt-mache [...]

Das Störendste war, dass es keinen Flur gab. Alle Leute, die bei uns ein- und ausgingen, [...] drangen in unser einziges Zimmer ein, in dem wir lebten und arbeiteten. Ein Teil der Wände und ein Teil der Decke bestanden aus Glas. Im hintersten Teil, hinter der Loggia, zu der eine fast senkrechte Treppe führte und wo sich unser Bett befand, gab es ein weiteres Fenster [...].

Die Leute, die zum ersten Mal zu uns kommen, bleiben unwei-gerlich wie angewurzelt in der Tür stehen; hinter dem dunklen Treppenflur öffnet sich die Tür zum Atelier wie der Vorhang einer Theaterbühne: blendend helles Licht, Negerfiguren, im Hintergrund Bäume. Wahrhaftig eine Inszenierung.

Trotz der beengten Verhältnisse weiß Elsa eine angenehme Atmosphäre zu schaffen. An den Wänden hängen Werke befreundeter Künstler wie Duchamp, Tanguy, Picabia und Dalí. Überall stehen Skulpturen aus Aragons umfangreicher Sammlung afrikanischer Kunst. Alles andere als luxuriös ausgestattet, gibt es doch immerhin ein Waschbecken und eine kleine Kochnische, so dass Elsa selbst kochen und sogar Gäste bewirten kann. Es werden viele – bekannte und unbekannte – Künstler und Intellektuelle in den kommenden Jahren den Weg in die winzige Wohnung finden.

Elsa könnte endlich glücklich sein – wären da nicht die alten Beziehungen, die Aragon nicht aufzugeben bereit ist. Allen voran Nancy, die er – mehr oder weniger offen – regelmäßig trifft. Elsa leidet, ist – zu Recht oder Unrecht – eifersüchtig. Aragon gibt vor, mit ihr zu arbeiten, Nancy Cunard ist schließlich auch Verlegerin, und was lässt sich dagegen schon sagen? In ihrer bereits zitierten Geschichte *Die Frau mit dem Diamanten* beschreibt Elsa Triolet auf eindrucksvolle Art und Weise die Begegnung der Heldin mit ihrer Vorgängerin in einem Nachtclub am Montmartre, die Eifersucht und Enttäuschung über den Mann, der sich entschließt, den Rest des Abends mit eben dieser Vorgängerin zu verbringen. Die Geschichte hat sich Aragon zufolge tatsächlich so zugetragen. Die »Frau mit den Zähnen einer Kannibalin« war Nancy Cunard.

Es dauert einige Zeit, bis Aragon Elsa endlich seine Liebe gesteht. »Für immer …« sagt er. Ihre Reaktion: »Ach was, wenn es nur ein Jahr dauert, wär das schon ganz schön«[3], eine Antwort, die verdeutlicht, wie sehr sie stets bemüht war, sich ihre wahren Gefühle nicht anmer-

Ein Treffen der surrealistischen Gruppe Ende der zwanziger Jahre, unten links Elsa Triolet und Louis Aragon (Foto Man Ray).

Elsa Triolet: Die Frau mit dem Diamanten (1938)

Nancy Cunard. (Foto Man Ray)

Das Licht kehrt zurück. Eine Frau, die gegenüber, auf der anderen Seite der Tanzfläche, an einem Tisch sitzt, stößt ein »Oh« aus und beginnt, in Jeans Richtung zu winken.

»Gilt das dir?« fragt Anne ungläubig.

»Sieht so aus…«

Die Frau wurde halb von den Männern verdeckt, die um sie herum saßen. Sie trug ein hochgeschlossenes, goldfarbenes Kleid. Ihr Kopf war ganz klein, ihre Zähne die einer Kannibalin, geradezu unanständig.

»Ich glaube, ich weiß, was das zu bedeuten hat. Du entschuldigst.«

Jean steht auf. Er durchquert den Raum. Jetzt begrüßt er die Dame, die Herren im Frack. Sie lachen. Anne fühlt sich allein und verlassen. Offensichtlich weiß Jean sehr wohl, wer diese Leute sind. Was soll dieses Theater? Wusste er, dass er sie hier treffen würde? Lächerlich. Sie hätte selbst eine Menge Leute treffen können, von denen Jean nicht mal gehört hatte. Im übrigen, hier ist der Beweis:

»Anne! Es ist Jahre her, dass man Sie gesehen hat!«

Es ist dieser gute Georges N. mit seinen abstehenden Ohren und seiner Brille. Oh, er ist völlig kahl. Ein freundlicher und dabei so langweiliger Junge.

»Nun Anne? Ich hätte beinahe Thérèse gesagt wie Ihre arme Mutter. Ich bin ganz aufgeregt, weil ich Sie hier wiedersehe. Man erzählt sich, dass Sie im Glück schwimmen, Sie vergessen wohl ganz Ihre Freunde. Ich habe gehört, Sie hätten sich einen ganz außergewöhnlichen Kerl geangelt, eine Art Halbgott mit einem Rolls, was ja nicht schaden kann.« […]

(Fortsetzung auf Seite 106)

104

ken zu lassen, ebenso wie sie schon von frühester Jugend an glaubte, ihre stark ausgeprägte Sinnlichkeit nicht zeigen zu dürfen. Elsas Tagebuch ist zu entnehmen, dass Nancy im ersten Jahr ihrer Beziehung der Grund für diverse Auseinandersetzungen ist, die Elsa immer wieder zweifeln lassen und sie an eine Rückkehr in die Heimat denken lassen. Aber sie hält durch, und Aragon wird später seiner Dankbarkeit für ihre Geduld gegenüber seinem anfänglichen Zögern Ausdruck verleihen und sich – schriftlich und damit öffentlich – bei ihr entschuldigen.

Nach wie vor trifft Aragon auch seine surrealistischen Freunde. Dabei begleitet ihn Elsa nur ungern. Breton findet sie despotisch und langweilig, seine Forderungen nach unbedingter Einhaltung der theoretisch formulierten Vorgaben wichtigtuerisch und selbstherrlich. Die Abneigung beruht auf Gegenseitigkeit: Breton hält sie für eine russische Spionin, darauf angesetzt, Aragon seinen Kreisen zu entfremden. Aber es war noch etwas anderes, das Elsa nicht hinzunehmen bereit war. Obwohl die Surrealisten die Liebe in den Mittelpunkt ihres Lebens und Schreibens stellen, gestehen sie Frauen bei ihren Zusammenkünften zumeist nur die Rolle einer Zuschauerin zu. Elsa, die es gewohnt ist, sich in jede Diskussion mit der ihr eigenen Klarsicht und mitunter Bissigkeit einzumischen, ist entsetzt. So führen die Gesinnungsgenossen beispielsweise endlose Gespräche über Sexualität, die genauestens protokolliert und somit heute für jeden nachlesbar sind[4], aber ohne sich auch nur im entferntesten für die Meinung der Frauen zu interessieren.

Zunächst haben Elsa und Aragon aber ganz andere Sorgen. Elsa hatte bisher nach wie vor ein monatliches Unterhaltsgeld ihres Noch-Ehemannes bezogen. Nun, da sie mit einem anderen zusammenlebt, erscheint ihr dies mehr als unpassend. Aragon wiederum hat selbst kaum genug Geld, um sich allein durchzubringen. Elsa überlegt. Es

Die Surrealisten (v.l.): Tzara, Eluard, Breton, Arp, Dalí, Tanguy, Ernst, Crevel, Man Ray.

»Für mich ist jedes weitere Reden über physische Liebe sinnlos, wenn man nicht zuallererst die Wahrheit anerkennt, dass Mann und Frau dabei dieselben Rechte haben.«
Louis Aragon

Elsa Triolet, 1932 mit einer Halskette aus ihrer eigenen Kollektion. (Foto Man Ray)

»Warum denn ein Halbgott?« fragte sie, »Sie meinen wohl ein Gott. Sie werden ihn übrigens kennenlernen. [...]

Aus dem Augenwinkel schaut sie zu Jean hinüber. Er steht immer noch an dem anderen Tisch. Er beugt sich zu der Frau in dem goldenen Kleid hinunter und spricht mit ihr. Die Frau ist sehr aufgeregt, sie wirft den Kopf hin und her wie ein Vogel. [...]

Die Vorhänge werden wieder blutrot, der Pianist entlockt dem Klavier wunderbar schmalzige Töne, die wie eine Liebkosung bis ins Innerste vordringen. Die Frau in dem goldfarbenen Kleid steht auf, Jean nimmt sie in den Arm. Sie tanzen. Ein völlig neues Gefühl, eine Mischung aus Bestürzung, Demütigung und Verzweiflung überkommt Anne. Das Gefühl der Eifersucht, das für sie ebenso neu war wie zuvor die Liebe, empfand sie als ebenso schmerzhaft. Sie tanzen an ihrem Tisch vorbei. Jean spricht ungewöhnlich lebhaft, die fast gleich große Frau hört mit seitlich geneigtem Kopf unbewegt zu, die Lippen über den Kannibalenzähnen fest zusammengepresst. [...]

»Kennst du schon Georges N.? Ein alter Freund von mir, ich habe ihm viel von dir erzählt.« [...]

»Sie hat Stil, diese Frau, mit der du getanzt hast«, sagt Anne. Nein, sie würde nicht fragen, wer sie ist.

»Ja, ein ziemlich eigenartiges Geschöpf. Ach übrigens, du entschuldigst mich sicher, aber wenn Herr N. die Freundlichkeit hätte, dich nach Hause zu begleiten, ich würde gern noch bei meinen Freunden bleiben.«

hatte wohl wenig Zweck, sich auf dem Arbeitsamt in die langen Schlangen arbeitsloser Frauen einzureihen. Sie verfügt zwar über eine qualifizierte Ausbildung, die ihr in Frankreich allerdings wenig nutzt, zumal sie nie in ihrem Beruf als Architektin gearbeitet hat. Und immer schon hat sie mehr der kreative und künstlerische Bereich – auch in der Architektur – interessiert. Auf der Suche nach einer Einnahmequelle kommt Elsa auf die rettende Idee, Modeschmuck anzufertigen. Modische Accessoires faszinieren sie, und auf ihren Spaziergängen durch das Sentier-Viertel kommt sie häufig an Geschäften mit allerlei buntem Zubehör vorbei. Mit geradezu verbissener Zähigkeit und ungeheurem Fleiß gelingt es ihr innerhalb kürzester Zeit, die von eigener Hand gefertigten Colliers aus Muscheln und Perlmutt oder auch Eisenringen und Rosshaar der *Haute Couture* als letzten Schrei zu verkaufen. Der Zufall kommt ihr dabei in Gestalt eines amerikanischen Redakteurs von *Vogue* zu Hilfe, der sie einigen namhaften Häusern – Schiaparelli, Poiret, Lanvin oder Chanel empfiehlt. Und auch Aragon macht sich nützlich: er zieht bereits frühmorgens mit seinem Musterköfferchen los, um die ausländischen Handelsvertreter aufzusuchen und Elsas Ware anzupreisen, sicherlich eine neue und ausgesprochen ungewohnte Erfahrung. Es amüsiert ihn, wenn die Vertreter ihn den »Triolet« nennen. Schon bald gelingt es Elsa, in einem Metier sensationelle Erfolge zu feiern, von dem sie – zu Beginn ihrer Tätigkeit – keine Ahnung hatte. Doch nach drei Jahren erfolgreicher Selbständigkeit hat Elsa genug. Das Paar kann zwar inzwischen gut von dieser Arbeit leben, aber sie ist anstrengend. Oftmals muss Elsa nächtelang durcharbeiten, um die Aufträge fristgemäß abliefern zu können, und die Arroganz der Kundinnen der ›Handwerkerin‹ gegenüber wird ihr bisweilen unerträglich. In ihrem vierten, ebenfalls urprünglich in russischer Sprache geschriebenen Buch *Colliers (1933)* beschreibt Elsa Triolet reportageartig ihre Erlebnisse aus der Welt der Mode, ihre Beobachtungen aus der Anfangszeit der Haute Couture, als Mannequins noch schlecht be-

»Du hattest La femme au diamant (Die Frau mit dem Diamanten) *geschrieben, nur mit dem einen vorgefassten Traum, diese Geheimnistuerei des Mannes anzuprangern, dieses Betrügen, das im Leben eines Paares schlimmer ist als fleischlicher Verrat.«*

Louis Aragon

(Foto Gisèle Freund)

zahlte, aber nicht weniger gutaussehende junge Mädchen waren. Das Buch »schnippisch, kritisch, amüsant, Sozialreportage und Satire«[5] – ist stark autobiografisch. Die Veröffentlichung in einem Moskauer Verlag scheitert, lediglich Auszüge erscheinen in einer russischen Zeitung. Auch dieses Buch wird Aragon erst nach Elsa Triolets Tod ins Französische übersetzen lassen.

Am frühen Morgen des 15. April 1930 wird Elsa durch ein Klopfen an der Tür ihrer Pariser Wohnung geweckt. Aragon, der zunächst im Bett geblieben ist, springt entsetzt auf, als er Elsa schreien hört. Sie hat soeben von Majakowskijs Selbstmord erfahren. Am liebsten würde sie auf der Stelle nach Moskau fahren, doch Elsa und Aragon können erst zwei Monate später reisen. Diese Reise hat also in erster Linie private und nicht politische Gründe. Überhaupt scheint die Politik in Elsas Leben bis zu diesem Zeitpunkt eher eine untergeordnete Rolle gespielt zu haben. Aragon zufolge las sie damals noch nicht einmal Zeitungen und war viel zu sehr mit ihren persönlichen Problemen beschäftigt, um sich politisch zu engagieren. Aragon aber war bereits Kommunist – und nach wie vor Surrealist, ungeachtet der gelegentlichen Vorwürfe wegen fehlender ›Linietreue‹. Auf ihrer ersten gemeinsamen Reise in die Sowjetunion verliebt sich Aragon in ein Land, in eine Sprache, in eine Kultur – und in eine Utopie. Seine politischen Ideale füllen sich endlich mit Leben. Auch wenn es nicht unbedingt Elsa war, die Aragon zum Kommunismus trieb – sie selbst war übrigens nie Mitglied einer Partei –, wird sie es nicht ungern gesehen haben, dass er sich für dieselben Ideale begeistern konnte wie ihre Familie und ihre Freunde.

Im Verlauf dieser Reise kommt es zu einem Ereignis, das eine erste Missstimmung in Aragons Verhältnis zu den Surrealisten bringt, die man später insbesondere Elsa anlastet. Im November 1930 findet in Charkow der Internationale Kongress revolutionärer Schriftsteller statt. Aragon und Georges Sadoul, der sich ebenfalls gerade in Moskau auf-

»Auf der Erde begegnen wir Männern, begegnen wir Frauen, und dann plötzlich begegnen wir Lebewesen, bei denen wir eine Welt entdecken. Diese Lebewesen [...] besitzen die Kraft, die ›Anderen‹ in sich aufzunehmen, die Leidenschaft, sie anzunehmen, und die Gabe, sie neu zu schaffen. Sie besitzen eine ungeheure Ausstrahlung und eigenartige Anziehungskraft: sie sehen Dinge durch die äußere Erscheinung der Dinge hindurch, es gelingt ihnen, die poetische Realität des Lebens wahrzunehmen. So war Elsa Triolet.«

Jean-Louis Barrault

Elsa Triolet: Colliers de Paris (1935)

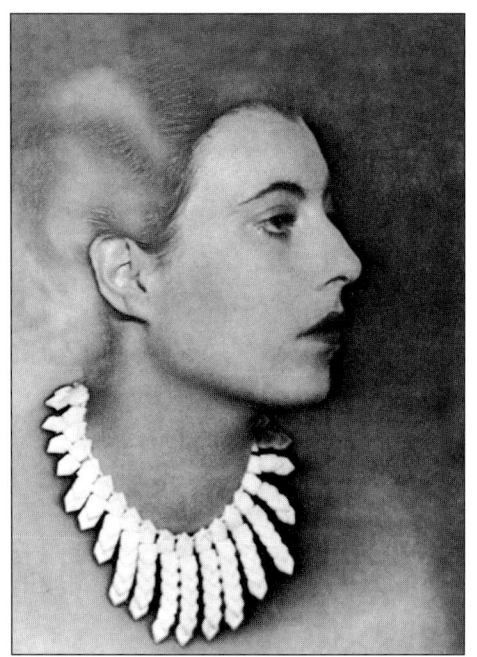

Eine von Elsa Triolet entworfene und angefertigte Halskette. (Foto Man Ray)

Für mein erstes Modell, von dem ich ja nur ein Exemplar anfertigte, musste ich allein ungefähr zehn verschiedene Geschäfte, Handwerker und Lieferanten finden… Zuerst suchte ich nach der Schnur und den Ringen. In den Großhandlungen, die die Schnüre in Stücken zu 25 und zu 100 m und die Ringe en gros (zu zwölf Dutzend) und en masse (hundert Dutzend) verkaufen, musste ich die Angestellten anflehen, mir 50 cm Schnur oder ein Dutzend Ringe zu verkaufen oder als Muster zu überlassen. Wenn ich in diese Geschäfte der Großhändler kam, fragte man mich normalerweise: »Von welcher Firma kommen Sie?«

Oder man sagte mir gleich: »Wir verkaufen nicht an Privatleute.«

Und bis ich auf die Idee kam, den erstbesten oder meinen eigenen Namen anzugeben – schließlich bin ich eine Firma wie jede andere –, setzte man mich ganz einfach vor die Tür, ohne dass ich hätte widersprechen können. Als ich dann das Recht erworben hatte, die Musterbücher anzusehen, begannen meine Fragen und Erklärungen, um ihnen begreiflich zu machen, warum ich ein kleines Stückchen Schnur oder Litze benötigte.

Ich kehrte nach Hause zurück, die Taschen vollgestopft mit Mustern, die ich auf die eine oder die andere Art zusammensetzte: mal war die Schnur zu dünn, mal die Ringe zu groß, mal war es zu teuer, mal passte die Farbe nicht.

hält, freuen sich über die Einladung, sind sie doch als Surrealisten immer schon um die Anerkennung als wahre Revolutionäre bemüht. Auf der Fahrt in einem Sonderzug von Moskau nach Charkow, die sie gemeinsam mit hundert weiteren Schriftstellern aus zwanzig verschiedenen Ländern antreten, lassen sie sich von der allgemeinen Begeisterung anstecken. Elsa ist – als Aragons Dolmetscherin – stets an seiner Seite. Noch unter dem Eindruck der euphorischen Stimmung unterzeichnen sie zwei Wochen später ein Dokument, das ihre daheimgebliebenen Freunde nach ihrer Rückkehr fassungslos macht. Im Namen der Surrealisten leisten sie Abbitte für in der Vergangenheit begangene Fehler, distanzieren sich von Bretons *Zweitem Manifest* des Surrealismus und geloben für die Zukunft, ihre literarische Produktion in den Dienst und unter die Kontrolle der Partei zu stellen, wenngleich Aragon den Begriff ›proletarische Schriftsteller‹ für sich und seine Gruppe ablehnt. Nach Frankreich zurückgekehrt, hofft Aragon – vergeblich – auf Verständnis bei seinen Freunden. Noch zwei weitere Jahre sollten vergehen, bis es zum endgültigen Bruch mit den Surrealisten kam. 1931 erscheint sein Gedicht *Front Rouge (Rotfront),* das ihm eine Anklage wegen »Anstiftung des Militärs zur Befehlsverweigerung« und »Anstiftung zum Mord in anarchistischer propagandistischer Absicht« einbringt. Breton verteidigt ihn noch, indem er die künstlerische Freiheit einfordert, was ihm Aragon wiederum übel nimmt, und vor den Augen der intellektuellen Öffentlichkeit entzweit die ›Affäre Aragon‹ endgültig die einstigen Weggefährten. Das Ende ihrer Freundschaft bedauern sie, machen es aber nie wieder rückgängig. Elsa kommt die Rolle des Sündenbocks zu. Hatte nicht schließlich mit der Freundschaft zu ihr Aragons Rückzug aus den surrealistischen Kreisen begonnen?

Die Ablehnung ihres letzten Buches in der Heimat hat Elsa vor Augen geführt, dass sie sich nicht länger einer Entscheidung entziehen darf: sie kann nicht in dem einen Land leben und für das andere schreiben.

(Foto Man Ray)

»Sie machte Ketten, um dem Mann zu helfen, den sie liebte. Keinen goldenen Schmuck, nein bunte Ketten, wertvoll durch die Erfindungsgabe der Schöpferin.«
Viktor Šklovskij

111

Louis Aragon: Prose du bonheur et d'Elsa (Auszug)

L'amour que j'ai de toi garde son droit d'aînesse
Sur toute autre raison par quoi vivre est basé
C'est par toi que mes jours des ténèbres renaissent
C'est par toi que je vis Elsa de ma jeunesse
Ô saisons de mon cœur ô lueurs épousée
    Elsa ma soif et ma rosée
[…]
J'étais celui qui sait seulement être contre
Celui qui sur le noir parie à tout moment
Que serais-je sans toi qui vins à ma rencontre
Que cette heure arret~e au cadran de Ja montre
Que serais-je sans toi qu'un cœur au bois dormant
Que serais-je sans toi que ce balbutiement
[…]
J'ai tout appris de toi sur les choses humaines
Et j'ai vu désormais Je monde à ta façon
J'ai tout appris de toi comme on boit aux fontaines
Comme on lit dans le ciel les étoiles lointaines
Comme au passant qui chante on reprend sa chanson
J'ai tout appris de toi jusqu'au sens du frisson

J'ai tout appris de toi pour ce qui me concerne
Qu'il fait jour à midi qu'un ciel peut être bleu
Que le bonheur n'est pas un quinquet de taverne
Tu m'as pris par la main dans cet enfer moderne
Où l'homme ne sait plus ce que c'est qu'être deux
Tu m'as pris par la main comme un amant heureux
[…]
Le bonheur c'est un mot terriblement amer
Quel monstre emprunte ici le masque d'une idée
Sa coiffure de sphinx et ses bras de chimère
Debout dans les tombeaux des couples qui s'aimèrent
Le bonheur comme l'or est un mot clabaudé
Il roule sur la dalle avec un bruit de dés

Qui parle du bonheur a souvent les yeux tristes
N'est-ce pas un sanglot de la déconvenue
Une corde brisée aux doigts du guitariste
Et pourtant je vous dis que le bonheur existe
Ailleurs que dans Je rêve ailleurs que dans les nues
Terre terre voici ses rades inconnues

    Croyez-moi ne me croyez pas quand j'en témoigne
    Ce que je sais du malheur m'en donne le droit
    Si quand on marche vers le soleil ml s'éloigne
    Si la nuque de l'homme est faite pour la poigne
    Du bourreau si ses bras sont promis à la croix
      Le bonheur existe et j'y crois

Inhalt und Sprache passen nicht mehr zueinander. Als Schriftstellerin wird man ihr nur mehr Gehör schenken, wenn sie auch für die Menschen des Landes schreibt, in dem sie lebt. Aber sie wird sich den Wechsel von der einen Sprache zur anderen erst Jahre später zutrauen. Vorerst gibt sie die Schriftstellerei auf, was sie umso mehr schmerzt, als sie tagtäglich mit ansehen muss, dass Aragon offensichtlich mit Leichtigkeit sprachliche Kunstwerke wie am Fließband abliefert. Der Umfang seines literarischen und publizistischen Nachlasses belegt eine unglaubliche Produktivität.

In den ersten gemeinsamen Jahren widmet sich Aragon jedoch hauptsächlich journalistischen Arbeiten. Auch Elsa kann gelegentlich einen Artikel in ihrem Heimatland veröffentlichen. Nebenbei beginnt sie mit Übersetzungsarbeiten, um sich der französischen Schriftsprache zu nähern, beispielsweise mit Célines *Reise ans Ende der Nacht* und Aragons Roman *Die Glocken von Basel*. Doch auch diese Tätigkeit gibt sie enttäuscht auf, weil sie hinnehmen muss, dass man ihren mit Mühe und Sorgfalt erstellten Text kürzt und redigiert. Später wird sie Majakowskij, Tschechow, Šklovskij und auch einen ihrer eigenen Texte übersetzen, eine Erfahrung, die sie als äußerst schwierig und qualvoll in Erinnerung behält. Mehrfach bringt sie später in ihren Texten ihre Wertschätzung für die eigenständige und sprachschöpferische Leistung eines Übersetzers zum Ausdruck.

In den dreißiger Jahren beobachtet Elsa an Aragons Seite mit Schrecken den zunehmenden Rechtsradikalismus. Sie ist tief betroffen von der Eskalation der Gewalt während der antifaschistischen Demonstration im Februar 1934 in Paris, als sich Elsa und Aragon gerade noch vor den Schlagstöcken der Polizisten, die gewaltsam gegen demonstrierende Kommunisten und Sozialisten vorgehen, in Sicherheit bringen können. Sie notiert ihre Eindrücke wie so oft in ihren »Schulheften«, die ihr das Tagebuch ersetzen, und verarbeitet sie spä-

> *»Aragon konnte einzig noch die sentimentale Saite anschlagen; beteuernd [...], dass die Übereinstimmung mit seinen ältesten Freunden für ihn ›eine Frage auf Leben Tod‹ sei, rief er tatsächlich ein Echo hervor, vor allem bei mir. Mittels eines unbedeuteten öffentlichen Widerrufs [...] nimmt er seinen Platz in unserer Mitte wieder ein, indessen blieben Hintergedanken.«*

André Breton

»*Die Frau der neuen Zeit ist geboren, und sie besinge ich. Und sie werde ich besingen.*«

Louis Aragon

Zum Roman als Erkenntnisinstrument fand ich nach und nach Zugang, und vor allem dank dir, seit Le cheval blanc (Der Schimmel).

Du machtest gleichsam mühelos die Entdeckungen dort, wo ich in die Irre ging. [...] du, mit dieser Leichtigkeit der Intuition, die nicht etwa das Wesen aus Fleisch in eine vorgeformte Konstruktion einfügt, sondern die in die riesige Baustelle der Menschen durch einen von ihnen eintritt, über den Privatweg einer Frau oder eines einzelnen Mannes, den du auf den ersten Seiten nur durch seine Art zu lächeln, eine Geste, einen Charme, ein Begegnungsinteresse einzuführen schienst. Wie könnte man [...] wirklich verstehen, was mich ein Vierteljahrhundert lang [...] schrittweise von Roman zu Roman gehen ließ, wenn man nicht diese Intimität, die mir mit deinen jeweils entstehenden Büchern vergönnt war, berücksichtigte, diese Leidenschaft, mit der ich stumm die Schritte ihrer Schöpfung verfolgte? An ihnen habe ich mehr als einmal meine Armut ermessen. Sie sind es, die mir immer den Start zum neuen Abenteuer gaben, in das ich mich stürzte. Um diese ständige Selbstkritik, die ich von einem Roman zum anderen weiterführte, zu verstehen, muss man deine Bücher lesen. Eines Tages wird man schon sehen, wie sie die meinen erhellt haben.

ter in ihrem Erzählband *Bonsoir Thérèse,* der 1938 erscheinen wird. Doch bis dahin ist es noch ein anstrengender Weg. Aragon hätte ihr sicherlich helfen können, aber weiß er bereits die Qualität ihrer Arbeit zu schätzen? Das einzige Buch, das er von ihr kennt, ist das eher untypische *Colliers,* das er auf Russisch gelesen hat. Derweil tritt er mit seinem Roman *Die Glocken von Basel* an die Öffentlichkeit, den er Elsa Triolet widmet, »ohne die ich verstummt wäre«. Sein neuer Verleger heißt Robert Denoël, er wird später auch Elsa Triolet in sein Programm aufnehmen und gilt u.a. als Entdecker von Eugène Dabit und Louis-Ferdinand Céline.

1935 findet der Umzug in eine größere Wohnung, in die Rue de la Sourdière Nr. 18 in der Nähe der Oper statt, immer noch eine recht bescheidene Bleibe, die aber immerhin aus zwei Zimmern und endlich auch einem eigenen Badezimmer besteht, ihr Zuhause für die nächsten fünfundzwanzig Jahre. 1937 wird Aragon zum Chefredakteur der neugegründeten Abendzeitung *Ce Soir* ernannt. Die beiden sind inzwischen unzertrennlich geworden, gelten in der französischen und russischen Öffentlichkeit bereits als »ideales Paar«. Elsa aber ist weit davon entfernt, sich am Ziel ihrer Träume zu wähnen. Sie unternimmt einen erneuten Anlauf als Schriftstellerin, aber sie geht heimlich ans Werk. Erst wenn Aragon die Wohnung verlassen hat, setzt sie sich an die Schreibmaschine und beginnt zunächst, ihre russischen Sätze ins Französische zu übersetzen, eine mühselige, wenig geeignete Technik, die sie bald aufgibt. Sie leidet an der Sprache, quält sich mit jedem Wort. 1938 vollendet sie *Bonsoir Thérèse,* ihr erstes Buch in französischer Sprache.

Aragon wird nicht mehr aufhören, Elsa zum Schreiben zu ermuntern und genießt es, sich nunmehr mit ihr über die jeweiligen Projekte auszutauschen. Wieder und wieder betont er ihren Einfluss auf sein Schreiben und lobt ihre Bücher in seinen fiktionalen und publizistischen Texten. Je lauter die Vorwürfe gegen ihn als Protektor seiner

»Ich schrieb nicht. Ich weigerte mich, ich redete mir ein, dass ich, um zu schreiben, von dir hätte hören müssen: schreib! Du aber wolltest es mir immer noch nicht sagen. Und als ich wieder anfing zu schreiben, geschah dies gegen dich, mit Wut und Verzweiflung, weil du kein Vertrauen zu mir hattest. Ich wollte versuchen, auf Französisch zu schreiben, damit du mir sagst: schreib! – oder schreib nicht! – in Kenntnis der Lage.«

Elsa Triolet

Jean-Paul Sartre über **Bonsoir Thérèse** (1939)

In der 2-Zimmer-Wohnung in der Rue de la Sourdière Nr. 18 in der Nähe der Oper wohnt das Schriftstellerpaar von 1935-1960.

Ich habe Bonsoir Thérèse gelesen, und ich habe etwas gefunden, das ich nicht erwartete: die Welt einer alleinstehenden Frau. Es gibt Familien, es gibt Paare, und dann gibt es noch alleinstehende Frauen. Alleinstehende Frauen warten nie auf irgendjemanden, man sieht sie manchmal auf einer Caféterrasse, sie starren ins Leere [...] Viele Bücher haben von Frauen berichtet, die keinen Mann hatten. Aber ich kenne kein anderes Buch, das von einer alleinstehenden Frau erzählt. Man wird vielleicht an die Vagabonde von Colette denken. Aber Renée Servien hat die feuchte Schwere einer zu pflük-kenden Frucht (sie wird im übrigen gepflückt, die Geschichte geht gut aus). [...] Viele Männer haben wohl beim Lesen von Vagabonde davon geträumt, zu trösten und zu dominieren. Frau Triolet erspart ihnen diese schändlichen Versuchungen; Thérèse ist keine Frau, die man verführen oder trösten könnte. Sie sucht keinen Mann, nicht mal eine Freundin: nur eine Thérèse, die sie von weitem sehen kann und die ihr das Bild ihres Körpers, ihres Alleinseins und ihrer Stärke darbietet. Sie schert sich nicht einmal darum, dem Mann gleichge-stellt zu sein: diese Gleichstellung besitzt sie schon seit geraumer Zeit, sie denkt nicht daran, sie zu bestätigen, vielleicht hat sie sie vergessen: sie ist »jenseits davon«, sie ist frei: »Ich habe das Leben, das ich wollte.« Und dennoch, jenseits der Welt von Männern und Frauen, von Paaren, von Geschlechterkampf, bleibt sie eine Frau; beim Lesen von Bonsoir Thérèse scheint es, als fühle man von innen heraus den Körper einer müden, rebellischen und sinnlichen Frau. [...]

Man muss Frau Triolet viele Leser wünschen.

Frau sind, umso häufiger meldet er sich zu Wort. 1960 bringt er die Anthologie *Elsa Triolet choisie par Aragon* heraus, in der er von ihm bevorzugte Passagen aus ihren Werken zusammenstellt und in einem Vorwort kommentiert. Ihre Art zu schreiben ist so gänzlich verschieden von der seinigen. Er, der es wie kaum ein anderer versteht, kunstvoll verschachtelte Sätze zu fabrizieren, steht ihrer Fähigkeit, die Dinge auf den Punkt zu bringen, »ihrer Meisterschaft im Kurzsagen« staunend gegenüber.

Aber Aragon ist auch erschrocken, wird ihm doch erst anhand der Lektüre von *Bonsoir Thérèse* bewusst, wie sehr Elsa nach wie vor unter dem Verlust der Heimat und der Muttersprache leidet, wie fremd sie sich nach wie vor in seinem Land fühlt, wie unglücklich sie zeitweilig ist.

Elsa beschreibt in den fünf Geschichten ihre eigenen Obsessionen, ihr Ideal von der Liebe, ihre Angst vor der Lüge, die Ungewissheit des Schicksals, die Macht des Zufalls. Und fast nebenbei gelingt es ihr, auch ihre Angst vor der Bedrohung durch den Faschismus deutlich zu machen, ihrer Verurteilung rechtsextremer Gesinnung Ausdruck zu verleihen, was ihr – nicht nur von Seiten Aragons – Bewunderung einbringt, entstammen diese beängstigenden Auswüchse, die kaum jemand auszusprechen wagt, doch der unmittelbaren Gegenwart. Das Buch wird allgemein wohlwollend aufgenommen, eine der ersten Rezensionen stammt von dem aufstrebenden Literaten Jean-Paul Sartre, der sich lobend in der Zeitschrift *Europe* äußert. Die Veröffentlichung macht sie zur französischen Schriftstellerin, eröffnet ihr endlich eine Welt, von der sie sich bislang ausgeschlossen fühlte, und verhilft ihr so zu einem neuen Selbstbewusstsein, das auch ihre Beziehung zu Aragon beeinflusst haben soll. Endlich fühlt sie sich als gleichwertige Partnerin anerkannt.

Angesichts des drohenden Krieges beschließen Elsa und Aragon, ›Ordnung‹ in ihre familiären Angelegenheit zu bringen: sie lässt sich

> *»Lächerlich, dass ich das Glück meines Lebens auf einer Schreibmaschine aufbauen will!«*
>
> Elsa Triolet

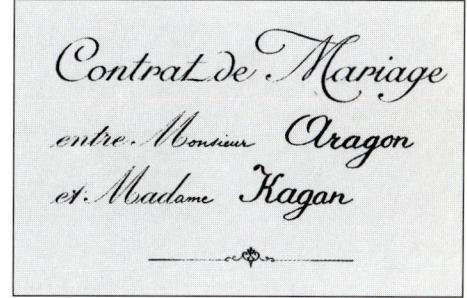

(Foto Henri Cartier-Bresson)

von André Triolet scheiden und heiratet am 28. Februar 1939 Louis Aragon, mit dem sie mittlerweile über zehn Jahre zusammenlebt. Beruflicher Erfolg und privates Glück: die Erfüllung all ihrer Träume? Als habe sie Angst davor, sich ein solches Gefühl einzugestehen, beleuchten Elsas Tagebuchaufzeichnungen aus dieser Zeit – es sind die letzten, nach 1939 wird Elsa nicht mehr Tagebuch führen – ihre Empfindsamkeit, ihre gleichermaßen starke Angst vor Menschen wie vor dem Alleinsein, ihre stetige Zerrissenheit und das nach wie vor ausgeprägte Bewusstsein ihrer eigenen Unzulänglichkeit. Stets bemüht, sich nichts anmerken zu lassen, wirkt sie auf Menschen, die sie nicht näher kennen, kalt, abweisend und furchteinflößend. Trotz der zunehmenden Anerkennung als Schriftstellerin, trotz der Verse Aragons, die sie unsterblich machen werden, bleibt die Suche nach dem Glück das beherrschende Thema ihrer Bücher und ihres Lebens.

Nach Ausbruch des Zweiten Weltkriegs wird Aragon am 2. September 1939 als Hilfsarzt eingezogen. Elsa hält es in Paris, wo sie ganz auf sich allein gestellt ist, wo sie als Frau eines Kommunisten Hausdurchsuchungen über sich ergehen lassen muss, kaum noch aus. Als Aragon ihr rät, Paris zu verlassen, findet sie heraus, wo er stationiert ist und schafft es in diesen unruhigen Zeiten tatsächlich, ihn zu finden. Nach seiner Demobilisierung gehen sie zusammen in die freie Zone im Süden Frankreichs. Paris ist von den Deutschen besetzt, in ihre Wohnung werden sie erst nach der Befreiung zurückkehren können. 1941 werden sie vorübergehend in Tours inhaftiert, aber nach zehn Tagen wieder freigelassen. 1942, als die italienischen Truppen Nizza besetzen, gehen Elsa Triolet und Aragon in den Untergrund.

Das Schreiben im Untergrund, *la clandestinité,* hilft Elsa in dieser Zeit über vieles hinweg. 1942 veröffentlicht sie ihre Novellensammlung *Mille Regrets (Mit großem Bedauern).* Wieder entnimmt sie ihre Themen ihrem unmittelbaren Erfahrungsbereich. Sie beschreibt, wie die

»*Als Elsa begann, in französischer Sprache zu schreiben, lebten wir bereits zehn Jahre zusammen, und ich glaubte, sie zu kennen. Im Grunde kannte ich nichts von ihr, nur ihre Augen […] Man muss verstehen , wie sich das für mich anhörte, zu hören, wie bitter dieses Exil für sie war, dieses Geschenk, das sie mir gemacht hatte, indem sie hier bei mir blieb, zu einem Preis, den man kaum ermessen kann, sich ihrem gesamten Umfeld gegenüber als Fremde zu fühlen und – wer weiß – vielleicht sogar dem gegenüber, der sie liebt. Das ganze Buch beruht auf dieser Gegebenheit, wie alles, was Elsa Triolet jemals geschrieben hat.*«

Louis Aragon

Elsa Triolet über die Literatur des Widerstands

Die Literatur des Widerstands [...] war das Gegenteil von dem, was man gewöhnlich als ›engagierte Literatur‹ bezeichnet, sie war der freie und mühevolle Ausdruck einer einzigen und einzigartigen Bemühung: sich von einem unerträglichen Zustand zu befreien.

In Villeneuve-lès-Avignons, 1946.

Die Gewalt der Ereignisse hatte das Schicksal aller Frauen, aller Männer durcheinander gebracht und ihr wahres Wesen bloßgelegt. Unwahrscheinliche Umstände hatten ungeahnte Möglichkeiten in jedem enthüllt. Das tägliche Leben von Stenotypistinnen, Uhrmachern, Bienenzüchtern, Modeschöpfern, Wissenschaftlern, Lehrern, Hausmeistern, das stetige Einerlei ihres Lebens, sie gaben es plötzlich auf, um sich dem ständigen Wechsel in der Gefahr auszusetzen, Unvernünftiges zu wagen bis zum Heldentum. Diese alltäglichen Menschen, sie wurden Anführer des Maquis, boten den Widerständlern Obdach, trugen Pakete, versteckten Waffen, ergriffen sie, ließen sich foltern, ohne nachzugeben, gingen in den Tod.

aus: Elsa Triolet, *Das Ende hat seinen Preis* (Vorwort)

veränderten äußeren Lebensumstände während der Kriegs- und Besatzungszeit die Menschen auf unterschiedlichste Art und Weise verändert. Sie schildert den Alltag dieser Menschen, und genau das mögen ihre Leser. Mit diesem Buch gelingt ihr der Durchbruch bei der Kritik wie beim Publikum. Schon bald wird sie es sein, die durch ihre Verkaufserfolge den Lebensunterhalt des Paares bestreiten kann. Aragon ist fasziniert von ihrer plötzlich hervorbrechenden Schreiblust. Seite um Seite füllt sich, und 1943 erscheint ihr Roman *Le cheval blanc (Das weiße Pferd),* der ebenfalls ein Erfolg wird. Aragon beginnt zeitgleich mit der Veröffentlichung seiner Elsa gewidmeten Gedichte, die während der Besatzungszeit wieder und wieder rezitiert werden und den Namen Elsa zu einem Sinnbild der Résistance machen: Auf *Cantique à Elsa* (1942) und *Les Yeux d'Elsa* (1942) folgen Jahre später die lyrischen Werke *Elsa* (1959), *Le Fou d'Elsa* (1963) und *Il ne m'est Paris que d'Elsa* (1964), um nur diejenigen zu nennen, die den Namen *Elsa* im Titel führen.

Aragon übernimmt in der Südzone die Leitung der Widerstandsgruppe der Schriftsteller. Die Zeitung *Les Lettres Françaises* wird gegründet, und mit dem *Comité National des Écrivains* entsteht ein weiteres Forum für Schriftsteller, die sich gegen die deutschen Besatzer zusammengeschlossen haben. Elsa übernimmt – nicht ungefährliche – Kurierdienste, für die sie zu Fuß weite Strecken zurücklegen muss. Unter dem Pseudonym Laurent Daniel erscheint 1943 Elsa Triolets Kurzroman *Die Liebenden von Avignon,* der einen Eindruck von dem beschwerlichen Leben im Untergrund vermittelt. Elsa Triolet und Aragon sind ungeheuer produktiv und – in Anbetracht der Umstände – durchaus erfolgreich. Aragon schreibt 1943 sein berühmt gewordenes Gedicht *Il n'y a pas d'amour heureux (Glückliche Liebe gibt es nicht)* sowie seinen Roman *Aurélien,* deren gemeinsames Thema die »Unmöglichkeit des Paares« ist. Elsa wird später auf die Lebensumstände während des Krieges verweisen, auf das gesell-

»Was man alles rechtzeitig hätte begreifen können, wenn man dich zu lesen verstanden hätte. Du hast ein feines Ohr. Du hörst vor allen anderen das unterirdische Gewitter aufziehen, du bist der Seismograph der noch fernen Erdbeben, du siehst vorher das, was man nachher so viel Mühe hat zu beschreiben.«

Louis Aragon

Die Zeichnung von Elsa Triolet, entstanden 1941 in Nizza, zeigt die Aussicht aus dem Zimmer der Wohnung, in der sie den Erzählband *Mille Regrets* schrieb.

schaftliche und politische Umfeld, dem sich keine Paarbeziehung zu entziehen vermag. Aragons Angaben sind präziser.

Nach dem Ende der Besatzungszeit beginnt der Triumphzug des Schriftstellerpaares. Mit der Verleihung des *Prix Goncourt* an Elsa Triolet im Jahre 1945 (rückwirkend für das Jahr 1944, in dem kein Preis verliehen wurde) ist sie an einem Höhepunkt ihres literarischen Schaffens angelangt. Sie erhält ihn für ihre 1945 erschienene Novellensammlung *Le premier accroc coûte deux cents francs (Der erste Stoß kostet zweihundert Francs),* die auch den bereits veröffentlichten Kurzroman *Die Liebenden von Avignon* beinhaltet. Wieder zeigt sie das Schicksal Einzelner in Abhängigkeit von historischen Ereignissen. Der Künstler Alexis Slavsky, der vor den deutschen Besatzern in den Süden Frankreichs geflüchtet ist, wartet sehnsüchtig darauf, endlich wieder ungestört arbeiten zu können. Die Journalistin Louise Delfort, die mit der Autorin viele gemeinsame Erinnerungen – u.a. an die ältere Schwester und die Jugendliebe Wladimir – hat, nimmt aktiv am Untergrundkampf teil, was ihr schließlich zum Verhängnis wird. Die Titelgeschichte schließlich schildert reportageartig die Landung der Alliierten in der Normandie.

Hatten sich ihre vorhergehenden Bücher bereits ganz gut verkauft, so brachte ihr die Verleihung des Prix Goncourt genügend Geld ein, um sich ein Haus auf dem Land kaufen zu können. Journalisten laufen ihr nach, sie steht von jetzt an im Licht der Öffentlichkeit. Das macht sie allerdings auch zur Zielscheibe polemischer Kritiken. Hatte sie nicht den Preis weniger ihren literarischen Qualitäten als vielmehr ihrer politischen Gesinnung zu verdanken? War nicht eigentlich eine Art Quotenregelung Grundlage der Entscheidung gewesen, mit der man gleichzeitig eine Frau, eine Jüdin und eine Résistance-Kämpferin auszeichnete?

»Schreiben war meine Freiheit, meine Herausforderung, mein Luxus. Niemand konnte mich hindern, eine Wirklichkeit zu erfinden.«

Elsa Triolet

Aragon über die Entstehung des Gedichts
»Il n'y a pas d'amour heureux«

Louis Aragon, 1945.

Dieses Gedicht entstand in den ersten Tagen des Jahres 1943. Damals wollte Elsa mich verlassen. Ich kann Ihnen erzählen, warum und wie, das hat keinen sonderlich intimen Charakter. Es gab damals in den Widerstandsbewegungen, denen wir angehörten, ein Gesetz, gegen das man nicht verstoßen durfte: zwei Personen, ein Ehepaar – oder welches auch immer ihre Beziehungen waren –, die in diesen Bewegungen arbeiteten, durften nicht weiter zusammenwohnen, weil sie dadurch die Möglichkeit, sich die Polizei auf den Hals zu hetzen, mit zwei multiplizierten und so eine größere Anzahl von Personen und damit die Bewegung selbst in Gefahr bringen konnten. Ich glaubte, diese Regel richtig übertragen zu haben: ich war derjenige, der in der Bewegung arbeitete, wie man damals verkürzt sagte, und versuchte nun Elsa zu überzeugen, dass das, was sie schrieb, als gesellschaftliche Arbeit genügte. Elsa war nicht dieser Meinung und sagte zu mir: »Es ist für mich ein unmöglicher Gedanke, dass dieser Krieg zu Ende geht und ich dann auf die Frage: Und was haben Sie getan? die Antwort geben muss: Nichts.« Und da wir ja, wenn sie arbeitete, nicht zusammen bleiben könnten, habe sie beschlossen, mich zu verlassen. Das war für mich … natürlich, ich weiß, ich weiß es! mir ging sicherlich zweierlei durch den Kopf: ich erkannte diese Regel der Résistancebewegungen und der Sicherheit aufrichtig an, hatte aber gleichzeitig den Wunsch, Elsa zu schützen, wollte es ihr ersparen, dass sie für diese Arbeit zu bezahlen hätte, dass sie der Besatzungsmacht und dem Kampf der Polizei gegen die Résistance zum Opfer fiele. Aber wie dem auch sei, es stellte sich jedenfalls das Problem, dass wir uns trennen mussten, wenn sie arbeiten wollte. Dieses Drama zwischen uns wurde einfach dadurch beigelegt, dass wir uns den Regeln der Sicherheit nicht unterwarfen: Elsa hat also gearbeitet, ich habe weitergearbeitet, und wir haben weiter zusammen gewohnt. Nur haben wir die notwendigen Vorkehrungen getroffen, dass dadurch niemand in Gefahr geriet. Und tatsächlich gab es bis zum Ende der Besatzungszeit keinen Unfall, weder auf ihrer noch auf meiner Seite.

Aber das Wesentliche dieser Geschichte liegt anderswo: Elsa hatte mir meine männliche Brille heruntergerissen, die Vorurteile des Mannes, der unter dem Vorwand, alle Verantwortung für das Paar auf sich zu nehmen, die Frau darauf verweist, nur seine Frau, seine Spiegelung zu sein. Ich hoffe, Sie haben nunmehr verstanden, dass es sich weder in Aurélien *noch in jenen Gedichten von mir, die man recht pessimistisch findet, um irgendeine ästhetische Haltung meinerseits handelt. All das gab ganz genau und einfach das Leben, unser Leben wieder.*

Aragon im Gespräch mit Francis Crémieux

Während einer Kundgebung 1946 in Paris.

Das Vorzeigepaar der Kommunistischen Partei auf einem Gemälde von Boris Taslitzky.

Als bekanntes Schriftstellerpaar kehren Elsa und Aragon nach Paris zurück. Beide sind inzwischen fast fünfzig, man sieht ihnen die schwere Zeit, die hinter ihnen liegt, an. Das Leben normalisiert sich allmählich, aber viele ihrer Freunde sind nicht mehr da.

Elsa und Aragon unternehmen viele Reisen in dieser Zeit. Auch im Ausland ist das Paar gefragt, Berlin, Warschau, Prag und Moskau stehen auf dem Programm. Fast zehn Jahre haben sich die Schwestern nicht gesehen. Lilja hat sich ebenfalls verändert, sie ist schmal und hohlwangig geworden. Gemeinsam trauern sie über den Tod der Mutter, die von den Deutschen ermordet wurde, und über Ossip, der im Jahr zuvor an einem Herzinfarkt gestorben ist.

Elsa nimmt als Beobachterin an den Nürnberger Kriegsverbrecherprozessen teil, ihr Bericht dazu erscheint in den *Lettres françaises.* Ebenso wie Aragon wird sie in den folgenden Jahren nicht nur mit ihren Romanen an die Öffentlichkeit treten, sondern sich in verschiedenen Medien zu zeitgenössischen Themen äußern. Auf ihren Einsatz ist im wesentlichen auch das Weiterbestehen des *Comité National des Écrivains (Nationaler Schriftstellerverband)* zurückzuführen. Und Elsa Triolets Verdienste um das Medium Buch sind unbestritten. In den fünfziger Jahren ist sie maßgeblich an der Gründung des *Comité du livre français* beteiligt, das sich aus Autoren, Verlegern, Buchhändlern und Druckern zusammensetzt, die sich der Förderung des französischen Buches verschrieben haben. Sie organisiert in großem Stil Buchmessen, die unter dem Titel *Bataille du livre (Kampf um das Buch)* mehrere Jahre lang veranstaltet werden. Im Oktober 1952 beispielsweise versammeln sich in Paris über hundert Autoren und Schauspieler, um Werbung für das Medium Buch zu machen. Die Veranstaltung, die Elsa Triolet fast im Alleingang organisiert hat, erweist sich als Publikumsrenner. Es sollen Bücher für mehrere Millionen Francs verkauft worden sein, die Autoren kommen mit dem Signieren kaum nach.

»Keine Frau ist je so ausführlich besungen worden, und eine Ehefrau vom eigenen Mann schon gar nicht.«
Gerda Marko

»Wer wollte, konnte seine Liebesgedichte freilich auch als verschlüsselte Botschaften lesen; und bald galten sie auch als Losungsworte der Résistance, die sogar von Charles de Gaulle über Radio Algier rezitiert wurden.«
Unda Hörner

Elsa Triolet über die Buchmesse

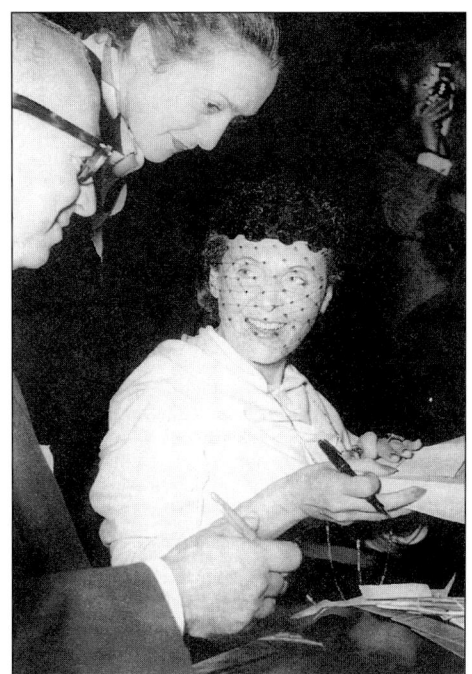

Elsa Triolet auf einem Buchbasar,
Paris 1952.

Gestern war unser alljährlicher »Bücherbasar«. In der größten Halle von Paris, wo Riesenmeetings, Radrennen, Hindernisspringen (jumping) usw. veranstaltet werden. Als ich die Halle im Juni mietete, sahen mich die Leute da erschrocken und mitleidig an, sogar der Direktor der Innung, des sogenannten Vél d'Hiv (Vélodrome d'Hiver) riet mir ab! Und als der Termin heranrückte, wurde mir selbst himmelangst, aber da konnte ich nicht mehr zurück, zu spät. Einen ganzen Monat zerriss ich mich zwischen Korrekturlesen, der Organisation dieses gewaltigen Spektakulums (hundert Autoren, über hundert Schauspieler und Schauspielerinnen, Dekoration, Besorgung der Bücher, Beleuchtung, Musik usw.) und der Mühle, wo die Küche renoviert wurde! Die letzten drei Nächte konnte ich vor Aufregung nicht schlafen. Das Buch erschien gerade noch rechtzeitig. Ich habe es Dir geschickt (2 Ex.). […]

Der Basar wurde ein toller Erfolg! An die dreißigtausend Besucher!! Für 5 Millionen 250 Tausend Fr. verkaufte Bücher!!! Die Leute standen bis auf die Straße an, warteten fast eine Stunde, um reinzukommen. Aragoscha hat am meisten verkauft, für 400 Tausend Francs. […] Geöffnet wurde um 14.30 und geschlossen um 19.30, um fünf Uhr waren meine Bücher alle, da wartete das Publikum brav vor dem Tisch, bis ein Wagen mit Nachschub kam. Das »Publikum« (meins) durchweg zwanzigjährig – alle jungen Poeten von Paris sind, so scheint mir, in dichter Phalance an mir vorbeigezogen.

Ich weiß noch immer nicht, woher ich den Mut dazu nahm (zu dem Basar) und wie solch ein Erfolg möglich war. Mir zittern noch heute die Knie, wenn ich an das Risiko denke.

aus: Lilja Brik, *Schreib Verse für mich*

Auch in der Friedensbewegung engagiert sie sich, nimmt sowohl an dem ersten Friedenskongress 1949 in Paris als auch an dem zweiten 1952 in Wien teil. Es waren übrigens Elsa und Aragon, die die weiße Taube Picassos als Symbol der Friedensbewegung, das sie bis heute geblieben ist, auswählten.

Elsa und Aragon treten zumeist gemeinsam auf, und wer darin ein Schattendasein Elsas vermutet, verkennt, dass sie gleichwohl oft die einzige Frau ist, die bei den verschiedenen kulturellen Veranstaltungen in vorderster Linie mit dabei ist. Sie meldet sich selbst zu Wort und entwickelt sich mehr und mehr zu einer engagierten Streiterin, die sich nicht scheut, Reizthemen anzusprechen. Die Feminismusdebatten der siebziger Jahre hat Elsa Triolet nicht mehr erlebt. Sie selbst bezeichnete sich in einer Fernsehsendung einmal als »Frauenpatriotin«.

Umso stärker fällt der Vorwurf der Blauäugigkeit in Bezug auf ihre politischen Ideale ins Gewicht, hätte sie doch mit ihrem scharfen Verstand als eine der ersten und spätestens auf ihren Reisen in die Sowjetunion erkennen müssen, wie grausam und erbarmungslos das sowjetische Regime gegen seine Feinde vorging. Der Kommunismus, einst die einzig denkbare Alternative zu imperialistischen und faschistischen Bewegungen, erweist sich zunehmend als Sackgasse. Und Elsa und Aragon sind nicht die einzigen westlichen Intellektuellen, die sich weigern zu glauben, was doch schon offensichtlich ist. Oder ist ihr Schweigen nur Ausdruck ihrer Angst um die Familie und die Freunde in Russland, der Befürchtung, nicht mehr ins Land gelassen zu werden, wenn sie öffentlich Kritik äußern? Das fast panische Festhalten am Glauben an den Kommunismus und seine erzieherischen Möglichkeiten, den ›neuen Menschen‹ zu schaffen, ist heute kaum noch nachvollziehbar. Dieser ›dunkle Punkt‹ hängt den beiden Schriftstellern bis heute an, Elsa mehr noch als Aragon. Auch nach bekannt werden der stalinistischen Verbrechen melden sie sich nicht öffentlich zu Wort, verdrängen den Schock. Erst 1968 verurteilen sie aufs

Louis Aragon zwischen Elsa Triolet (links) und ihrer Schwester Lilja bei einem Besuch in Moskau 1964.

Elsa Triolet: Vorwort (1964) zu **Das Ende hat seinen Preis**

Ich hatte mir keine Gedanken um die Zukunft gemacht, nun begann für mich, für uns beide eine harte Zeit ständiger Verfolgung. Sicher ist: Was ich auch geschrieben hätte, es hätte sich nichts geändert. Die Meinung über uns beide schien ein- für allemal festgelegt, unsere Bücher von vornherein verurteilt. Aber man muss wohl sagen, dass ich nichts getan habe, um das zu ändern, und die beiden Romane, die auf Le premier accroc coûte deux cents francs *(Das Ende hat seinen Preis) folgten, hatten das Feuer unter das Pulverfass gelegt. Mit dem Mut einer Nachtwandlerin, völlig ahnungslos, schrieb ich weiter gegen die gleichen Leute wie während der Besatzungszeit. Es hat viele Jahre gedauert, bis diese Romane ihre Rechtfertigung fanden, und ihre Verfasserin etwas Frieden. Aber das ist eine andere Geschichte…*

In Moskau, 1945.

Schärfste den Einmarsch der sowjetischen Truppen in Prag, woraufhin die Partei bald die finanzielle Unterstützung der Zeitschrift *Lettres Françaises* streicht.

Obwohl auch Elsa Triolet ihr Schreiben dem »Sozialistischen Realismus« unterwirft, sucht man in ihren Büchern vergebens nach den von Stalin und Gorki gemeinsam formulierten wichtigsten Kriterien für diese Art von Literatur und Kunst. In kaum einer ihrer Geschichten gibt es einen »positiven Helden«, und kaum einem ihrer Bücher lässt sich nachsagen, es sei geprägt von einem »aufbauenden Optimismus«.

Ihr Festhalten an den kommunistischen Idealen während des sogenannten Kalten Krieges macht das Paar zur idealen Zielscheibe ihrer Gegner. Verleumdungen und üble Nachrede gehören ebenso zu ihrem Alltag wie die Huldigungen ihrer Anhänger. Beide haben dagegen angeschrieben und mit zeitlichem Abstand in umfangreichen Vor- oder Nachworten die jeweilige Entstehungsgeschichte ihres Werkes erzählt und damit sich selbst, ihr Schreiben und ihre Beziehung zu erklären versucht.

Aber auch die demonstrative Stabilität ihrer Paarbeziehung provozierte Kritiker des öffentlichen Paares über Jahre hinweg, irgendeinen Missklang in der Idylle ausfindig zu machen. Das Paar ist sich dessen bewusst. Dabei haben sie selbst nie geleugnet, dass ihre vierzigjährige Partnerschaft beileibe nicht das ungetrübte Glück bedeutete. Aragon konnte in jedem neuen Buch seiner Frau Wünsche und Gefühle entdecken, die ihn nachdenklich gemacht haben müssen, Gefühle, die im Alltag manchmal untergingen oder nicht ausgesprochen wurden. Er selbst gestand, auf die männlichen Helden, die sie sich selbst in ihren Büchern erschuf, geradezu eifersüchtig zu sein.

Kaum einer der modernen Helden, die sich Elsa Triolet schreibend erschafft, gleicht dem Mann, mit dem sie ihr Leben teilt. Ganz anders bei Aragon, dessen gesamtes Werk um ihre Person kreist. Er erzählt

Das Schriftstellerpaar auf einer Reise in die Tschechoslowakei 1948 während eines Besuchs beim Staatspräsidenten Beneš.

Elsa Triolet über ihren Helden Michel Vigaud

Ich war noch jung genug, um die Liebe zu leben. Nun, wenn ich auch die unglückliche Liebe nicht kenne, so weiß ich doch, was das Unglück in der Liebe bedeutet. Die Verzweiflung angesichts dessen, der immer »der andere« bleibt, das Labyrinth, das Jenseits, die glatte Wand, denen man in Gedanken, in seinen Träumen entflieht, [...] so wie es derjenige tut, den man liebt. Und ich begann, beinahe gegen meinen Willen, einen Mann zu erfinden, der mir gefallen sollte, unbezwingbar, unschuldig gegenüber den verheerenden Auswirkungen seiner Verführungskunst, ein Frauenheld, der kein Don Juan wäre, von animalischer Schönheit, die nicht auf Eroberung aus ist – was hat ein Hirsch, ein Pferd mit unserer Bewunderung zu tun? – der auf kindliche Art liebenswert, spontan, zärtlich wäre ... lachend, anhänglich, vertrauensvoll, kindlich, ohne eine Spur von Macht. Ein einfacher und offener Mensch, voller Geheimnisse, die er selbst nicht kennt. [...] Le cheval blanc ist der autobiografischste meiner Romane, ich meine, er steht dem, was ich von der Welt gesehen und wahrgenommen habe, am nächsten. [...] Michel Vigaud war ein Mann, dazu geschaffen, glücklich unter freiem Himmel zu leben.

aus: Elsa Triolet, *Le cheval blanc* (Vorwort)

von ihr, spricht sie direkt an. Seine Liebesgedichte sind Preisgesänge in der Tradition mittelalterlicher Troubadoure, die der Angebeteten huldigen und die in keiner Hinsicht mehr an den Autor der pornographisch-erotischen Texte aus den zwanziger Jahren erinnern.[6] Auch in seinen Prosatexten ist sie ständig präsent, oft tauchen Titel und Zitate aus ihren Büchern auf. In seinen Gedichten nennt er sie Elsa, in seinen Romanen gibt er ihr verschiedene Namen. Im wirklichen Leben nannte er Elsa *Hyazinthe,* sie wiederum nannte ihn vom ersten Tag an *mon petit,* oder – wie ihre russischen Freunde – *Aragoscha.*

1965 erscheint Louis Aragons Roman *Spiegelbilder,* die Geschichte eines Schriftstellers, der sein Spiegelbild verliert, während er dem wunderbaren Gesang seiner Frau Fougère bzw. Ingeborg lauscht. Es ist ein sehr vielschichtiges und sehr autobiografisches Buch, ein Buch, in dem viel von Liebe und Eifersucht, von Kunst und Literatur, von Alter und Tod die Rede ist. Fougère, das ist die Sängerin, die Elsa Triolet immer sein wollte (auch in ihrem kurz vor diesem Roman erschienenen Buch *Les Manigances* ist die Heldin Clarisse eine Sängerin). Später sagt Aragon auch: »Ja, ich gestehe. Fougère ist Elsa Triolet.«

Und so liest sich dieser Roman Aragons wie ein Großteil seines lyrischen Werks auch als einzigartige Liebeserklärung an seine Ehefrau. »Ich spreche von ihr wie ein Trunkener, es gibt keine Straße, die für meine Worte breit genug wäre, der Himmel dreht sich über mir, und bei jedem Schritt vermeine ich sie zu erblicken. Sie werden sagen, dass ich verrückt bin, dass es schönere Frauen gibt, dass die Zeit an ihr nicht spurlos vorübergegangen ist, dass sie diesen oder jenen Fehler hat, aber ich glaube Ihnen nicht, selbst wenn ich vorgebe, Ihrer Meinung zu sein, um nicht jedes Gespräch zwischen Ihnen und mir unmöglich zu machen.«[7]

»Zuerst nannte er sie Madame, noch am gleichen Abend du und am Morgen Aube. Dann versuchte er es zwei, drei Tage lang mit Zobel, weil er das passend fand. Den Namen, den er ihr seit Jahren gibt, werde ich nicht verraten, das ist ihre Sache. Nehmen wir an, er wählte Fougère. Für andere war sie Ingeborg.«

Louis Aragon

Aragoscha war drei Tage verreist, kam heute früh wieder. Er war im Süden, bei Picasso, der Mérimées Carmen für Bibl. Fr. illustriert. Und Matisse, stell Dir vor, malt in irgendeiner Kapelle eine Madonna! Der Alte steht schon mit einem Bein im Grab, aber spielt auf einmal den Clown, sagt: »*Ich glaube weder an Gott noch an den Teufel, doch eine Madonna malen – warum nicht?*« *Aragoscha mag ihn nicht mehr, nicht weil er eine Kapelle ausmalt, sondern weil er sich selbst fast schon für ein Wesen* d'une essence divine *hält! Aber seine Bilder werden immer besser. André Breton hat sich in seiner Nähe festgesetzt und kratzt sich bei ihm ein. Ach, hol sie doch der Teufel.*

Das Leben ist schwer. Nach Zahlung der ungeheuren Steuern sind wir nun blank! [...]

Endlich ist Mille Regrets *da, mit Illustrationen von Christian Bernard; Preis um 15.20 und 30 Tausend Francs ... Sagenhaft! So viel kriegt ein Chefredakteur (bei uns) nicht mal im ganzen Monat. Aragoschas Bücher gehen am besten, wenn sie bei Gallimard erscheinen.*

Alle diese Fakten teile ich Dir mit, weil sie nicht nur für uns persönlich typisch sind.

Ich küsse Dich millionenmal
Deine Elja

4. 5. 49

Elchen! [...]

Ich soll Dir was über Deinen »Inspektor« *schreiben? Liebste! Ich habe den* Inspektor *und die* Reisenden *hintereinanderweg gelesen. Aragoschas nachts, immer ein ganzes Stück weiter, so dass ich mich* tagsüber auf die Fortsetzung freute und es dann richtig bedauerte, als ich durch war. Dich – in einem Zuge, ohne Unterbrechung, zweimal. Das erstemal etwas gereizt. Vieles kam mir aufgesetzt vor. Ich fand, aus diesem Material hätte man 5 Bücher machen müssen. Beim zweitenmal nahm ich mir vor, in Ruhe und sorgfältig zu lesen, mit Wörterbuch. Aber dann ließ ich das Wörterbuch Wörterbuch sein und las so weiter, wieder in einem Zuge, manchmal kamen mir die Tränen.

Ich weiß keinen Schriftsteller, der mit solch absoluter Genauigkeit, bis in die feinsten Nuancen menschliche Gefühle, Wahrnehmungen und Gedanken beschrieben hätte. Das machst Du genauso gekonnt wie die Darstellung einer Landschaft. Das ganze Labyrinth der Straßen, Gassen und Sackgassen des menschlichen Innern. Und alles, ohne einen mit der Nase darauf zu stoßen. Man liest und sieht die Stadt, den Park, die bröckelnde Mauer, die Menschen. Fühlt den Frühling. Riecht ihn. Begegneten mir diese Menschen auf der Straße, bestimmt würde ich sie erkennen.

Aragoscha schildert. Und macht es genial. Aber Du – bei Dir bin ich mitten im Schmerz jedes Deiner Helden gewesen. Ich glaube, Aragoschas Bücher (natürlich die Prosa, seine Gedichte sind was ganz anderes) werden 100 000 000 000 Jahre $+ \infty$ als »Werke der Kunst«, als Klassik bestehen bleiben. Deine – durch ihren Zauber. Wer sie in dreihundert Jahren liest, wird eine Reise durch unser heutiges Leben machen. Er geht durch unsere Städte, und die Menschen, von denen Du schreibst, unterhalten sich mit ihm wie »Lebende mit einem Lebenden«.

Soviel in aller Kürze. Demnächst schicke ich ein paar Esspäckchen an Euch ab.

Ich küsse Dich ganz fest

Lilja

Epilog des Lebens und Epilog des Schreibens

»Der Verlust der Jugend ist wie der Verlust einer Krone, und man lebt weiter als entthronte Königin, ohne Macht und ohne Untertanen.«[1]

Elsa Triolet ist Anfang vierzig, als sie dies schreibt. Mit dem Thema Alter beschäftigte sie sich in vielen ihrer Werke. Schon früh stellen auch ihre Heldinnen Veränderungen an ihrem Körper fest, die sie mit Abscheu quittieren, die sie gar in den Tod treiben. Die Ich-Erzählerin der Geschichte *Mille Regrets* erträgt es nicht, ihrem Geliebten, den sie längere Zeit nicht gesehen hat, als eine von den entbehrungsreichen Kriegsjahren gezeichnete Frau gegenüber zu treten. Kurz vor dem Wiedersehen mit dem Geliebten, auf das sie sich tagelang vorbereitet hatte, bringt sie sich um.

Elsa Triolets Frauenfiguren machen sich keine Illusionen darüber, dass sie dem natürlichen Prozess des Alterns nicht entgehen können. Die Autorin Elsa Triolet findet einen fiktiven Ausweg: sie lässt ihre Heldin, die Baronin Melanie d'Aubrey aus der Geschichte *Le mythe de la baronne Mélanie (Der Mythos der Baronin Melanie)* das Leben in umgekehrter Reihenfolge erleben. Das Ergebnis ist eine gänzlich veränderte Einstellung zur Welt, die mit der Entwicklung von der Greisin zum Fötus einhergeht. Elsa Triolet schrieb diese Geschichte bereits im Jahre 1944 als direkte Replik auf Albert Camus Roman *Der Fremde* und sein Essay *Der Mythos des Sisyphos,* in denen er die Sinn- und Hoffnungslosigkeit menschlicher Existenz beschreibt. Camus, der schon nach der Lektüre des Romans *Le cheval blanc* ihre außergewöhnliche Beobachtungsgabe gerühmt hatte, zeigte sich begeistert von ihrer Kritik.

Fast alle Heldinnen Elsa Triolets können sich nur schwer mit den körperlichen Veränderungen, die das Alter mit sich bringt, abfinden. Was ihnen am meisten zu schaffen macht, ist die Selbstwahrnehmung, nicht der tatsächliche Verlust ihrer Attraktivität. Und so ver-

»Der Mythos der Baronin ist außerordentlich gelungen – ich meine, bis in alle Einzelheiten. Das ist die beste Art und Weise zu philosophieren: Bilder vorzuschlagen, die einen Sinn haben. [...] Es ist eine originelle und brillante Kritik, die Kritik eines schöpferisch Tätigen. Man wagt es kaum, darauf zu hoffen, und Sie werden meine Dankbarkeit verstehen.«

Albert Camus

Elsa Triolet: **Mille Regrets** *(1942)*

Ich habe mich im Spiegel angesehen … Da ist nichts zu machen. Mein Körper wurde aus einem zu empfindlichen Material herge-stellt, empfindlich wie manche Steine, die der Wind aushöhlt, wie manche Seidenstoffe, die brüchig werden, wie manche Legierungen, die auseinandergehen … Und doch war es einmal schön, als es neu war …

Wie könnte ich ein Begehren empfinden? Ist es nicht der eigene Körper, der das Begehren entstehen lässt? Eines Tages, als ich mich umbringen wollte, es ist schon einige Jahre her, konnte ich es nicht tun, weil ich mich in einem Spiegel betrachtete: wie könnte man etwas so Schönes zerstören? Aber wenn es kein Geschenk mehr für irgendjemanden ist, wenn es kein Geschenk mehr für Tony ist … Ach nein, nicht mehr unter der Kleidung diesen ganzen Zerfall spüren müssen …«

Eine andere Frau tritt jedenfalls nicht an Elsas Stelle, so wenig wie er irgend-etwas in der gemeinsamen Wohnung verändert.

zweifeln die Frauen nicht etwa an einem plötzlich erlöschenden Begehren der Männer, sondern vielmehr an der eigenen Lust, die ihnen abhanden gekommen ist.

Die Sexualität verliert mit zunehmendem Alter an Bedeutung bzw. erlischt. Diese Einschätzung – nur ein junger und schöner Körper ist auch zur körperlichen Liebe fähig – teilt Elsa Triolet mit vielen Geschlechtsgenossinnen ihrer Generation. Auch Simone de Beauvoir, die einige Jahre jünger ist als Elsa Triolet, beschreibt ähnliche Empfindungen mit denselben Konsequenzen. Über körperliche Liebe im Alter wird nicht nur nicht gesprochen, sie wird auch tatsächlich nicht mehr praktiziert.

Elsa Triolet und Louis Aragon haben sich beide gegenüber Pierre Daix, dem Biografen Aragons, zum Thema Sexualität im Alter geäußert. Elsa erzählte ihm, dass sie mit nunmehr fast fünfzig Jahren daran denke, »ihrem Leben als Frau ein Ende zu setzen« und Aragon bestätigte, dass es zwischen ihnen keine sexuellen Beziehungen mehr gäbe.[2] Glaubt man den Aussagen ihrer Romanheldinnen, wird ihr der Verzicht insofern nicht schwergefallen sein, als der Verlust der eigenen Jugend gar kein Lustgefühl mehr aufkommen lässt. Auch in ihrem Äußeren nähert sie sich der Vorstellung an, die man sich von einer älteren Dame macht. Sie trägt sehr viel Schmuck, elegante Kleider aus hochwertigen Stoffen, dazu ein Umschlagtuch und auf dem Kopf – sogar zu Hause – das obligatorische Hütchen mit dem kleinen Schleier, angeblich um die Falten um die Augen zu kaschieren.[3]

In *Luna-Park* (1959) erhält die Versuchspilotin Blanche Hauteville den Brief eines Mannes, dem sie offensichtlich zu verstehen gegeben hat, dass sie auf eine sexuelle Beziehung keinen Wert mehr legt. Der Brief macht deutlich, dass es dem Mann schwer fällt, diese – einseitige – Entscheidung zu akzeptieren. Bleibt die Frage, wie Aragon wohl Elsas Entscheidung in diesem Punkt aufnahm. Über Aragons Mög-

»Es wird auch mich treffen. Ich habe alle Hoffnungen ausprobiert, ich habe Zeiten des Glücks und des Unglücks durchgemacht, aber ich bin noch nicht alt gewesen. Es wird nicht mehr lange dauern. Der Verlust der Jugend ist wie der Verlust einer Krone, und man lebt weiter als entthronte Königin, ohne Macht und ohne Untertanen. Eine üble Geschichte ist das.«

Elsa Triolet

Elsa Triolet: Luna-Park (1959)

*Es ist jetzt schon ziemlich lange her, Jahre sind vergangen, seit wir
beide ... Ich stehe morgens auf, ich gehe fort, ich komme wieder, ich
wasche mich, ich ziehe mich an, ich rasiere mich, wenn ich dafür
Zeit habe: Ich habe mir aus unserer gemeinsamen Zeit die Vorliebe
bewahrt, mir zu sagen, nein, nicht morgens, ich werde mich abends
rasieren, für Blanche. [...] Ich sage Dir, dass ich mich nicht sehr verändert habe. Aber dennoch, hast Du Dich jemals gefragt, was an
diesem Tag geschah, an dem Du ganz plötzlich zu mir sagtest: nein,
jetzt reicht es, es ist vorbei, geh mir nicht auf die Nerven, nie mehr
... hast Du es Dich gefragt? Auf jeden Fall [...] hast Du mich nie
danach gefragt. Du sprichst mit mir, Du schaust mich an, ich bin da.
Du weißt nicht, dass Du mit einem Toten sprichst, dass Du einen
Toten ansiehst. Nein, ich übertreibe nicht. Warum sagst Du immer,
dass ich übertreibe. Ein Toter kann nicht übertreiben. [...] Wie lange
war ich Dein Liebhaber? Acht Tage, zwei Stunden, ein ganzes Leben
lang? Schließlich war ich Dein Liebhaber. Du hast es vielleicht vergessen, ich nicht. Pardon, Madame. [...] Doch ich werde auf diese
Auslassungspunkte zurückkommen, wenn ich Dich dann in meine
Arme nahm, wieder und wieder und Dich auf das Bett trug ... Ach,
ich kann nicht mehr davon sprechen, es ist nicht die Scham, es tut
mir ganz einfach weh, ich weine nicht wirklich ... in meinem Alter!
[...] Hast Du Dich nur jemals gefragt, wie ich mich in der Folge*
arrangiert *habe? Na, ist das hässlich genug, dieses Wort, dieses
abgenutzte Wort, dieses* anständige *Wort? So sagt man, nicht
wahr? [...] Wenn Du es Dich nicht gefragt hast, hast Du vielleicht
einfach gedacht, dass ich mich arrangiert habe. Wenn Du es mich
nicht gefragt hast. Nun gut, nein, meine Liebe, ich habe mich nicht
arrangiert. Überhaupt nicht arrangiert.*

lichkeiten der Kompensation mag spekuliert werden. Bordellbesuche und homosexuelle Ausflüge sollen bereits in jungen Jahren zu seinem Leben gehört haben. Und nach Elsa Triolets Tod habe er frühere Gewohnheiten wieder aufgenommen, so heißt es. Vielfältig sind die Geschichten, die von dem alten Mann mit wehenden Haaren und langem Mantel erzählen, der mit einer Schar junger Männer durch das nächtliche Paris zieht. Ein letzter Versuch der Provokation? Eine andere Frau tritt jedenfalls nicht an Elsas Stelle, so wenig wie er irgendetwas in der gemeinsamen Wohnung verändert. Nur die Wände seines Schlafzimmers, in dem er am 24. Dezember 1982 starb, sollen über und über mit Briefen und Fotos von Elsa bedeckt gewesen sein.

Im Jahre 1960 waren Elsa und Aragon in ein hochherrschaftliches Haus in der Rue de Varenne Nr. 56 gezogen. Hier verfügen sie jeder über ein eigenes Arbeitszimmer, und auch für Gäste ist nun genügend Platz. Elsa lässt sich bei der Einrichtung der Wohnung beraten, und endlich können sie sich auch eine Hausangestellte leisten.

Bereits Anfang der fünfziger Jahre hatten sie sich ca. eine Autostunde von Paris entfernt eine alte Mühle gekauft, in die sie immer häufiger vor der Hektik der Großstadt flüchteten. Hier geben sie sich ganz leger, Aragon trägt statt des eleganten Anzugs derbe Cordhosen und Elsa statt Hut und Pumps Kopftuch und Gummistiefel. Beide investieren sehr viel Zeit und Kraft in die Instandsetzung des Hauses und des großzügigen Gartens, in dem sie gemeinsam begraben werden wollen.

Elsa hat zunehmend gesundheitliche Probleme. In der neuen Wohnung wird extra ein kleiner Lift für sie eingebaut, weil sie starke Schmerzen beim Gehen hat. Trotz allem gehen sie noch viel aus und brechen noch einmal zu ihrer letzten Reise nach Moskau auf. In Russland muss Elsa mit eigenen Augen erleben, mit welcher Sorgfalt es den antisemitischen Kräften gelungen war, ihre Schwester aus dem Leben des nunmehr berühmten Dichters Majakowskij einfach zu strei-

(Foto Robert Doisneau)

»*Und schließlich war es vorbei. Niemand, der sie kannte, hat jemals angenommen, dass sie eine glückliche Frau gewesen sei. Viele waren sich nicht sicher, ob sie sie überhaupt je richtig gekannt hatten.*«
Lachlan Mackinnon

Elsa Triolet, 1966.
(Foto Henri Cartier-Bresson)

Pablo war stets fasziniert von der beständigen Liebe zwischen Elsa und Aragon. Besonders auf Aragons Seite schien es völlige Hingabe zu sein, fast eine Art religiösen Kults, dessen herrschende Göttin diese einzigartige Frau war. […]

»Wie können Sie immer nur dieselbe Frau lieben?« fragte er ihn. »Schließlich verändert sie sich wie alle Menschen und wird alt.«

»Das ist es ja gerade«, sagte Aragon. »Ich liebe alle diese kleinen Veränderungen. Sie erquicken mich. Ich liebe auch den Herbst einer Frau.«

aus: Françoise Gilot, *Leben mit Picasso*

142

chen. So schreckte man nicht davor zurück, Fotos zu retuschieren, um die jüdische Geliebte totschweigen zu können. Wie ist es möglich, historische Wahrheit so zu verfälschen, dass der Nachwelt ein gänzlich anderes Bild vermittelt wird? Aus der Beschäftigung mit dieser Frage entsteht ihr Buch *Das große Nimmermehr,* in dem sie wie immer theoretische Reflexionen in eine Geschichte einbettet. Es ist die Geschichte des verstorbenen Historikers Régis Lalande, der zu postumen Ruhm gelangt und so gefeiert wird, dass seine eigene Frau ihn in dem Bild, das von ihm entsteht, nicht mehr wiedererkennt.

In diese Zeit fällt auch die Umsetzung ihres schon lange geplanten Gemeinschaftsprojekts, das auf eine Idee von Elsa Triolet zurückgeht. Nach und nach wird ab 1964 die Gesamtausgabe der Prosawerke Elsa Triolets und Aragons veröffentlicht. Die einzelnen Bände enthalten abwechselnd die Werke der Autoren, dazu Fotos und Illustrationen, die zum Teil von namhaften Künstlern wie Max Ernst, Henri Matisse oder Man Ray eigens für diese Ausgabe angefertigt wurden. Erst 1974 erscheint der letzte Band der aufwendig gestalteten Leinenausgabe. Im Vorsatz findet sich ein von Henri Matisse gestaltetes Emblem aus den verschlungenen Initialen E und L.

Für diese Ausgabe erstellen Elsa Triolet und Louis Aragon Vorworte, in denen sie sich jeweils an den Partner wenden und ihm die Entstehungsgeschichte des Werkes, die historischen Umstände und die persönliche Lebenssituation erklären bzw. in Erinnerung rufen. Diese Vorworte, die zum Teil auch in den später erscheinenden Einzelausgaben mit abgedruckt werden, sind für heutige Leser von besonderem Interesse, spiegeln sie doch gleichermaßen die Beziehung des *couple en majesté*[4] der französischen Literatur und eine ganze Epoche des 20. Jahrhunderts wider. Und auch wenn sich Elsa Triolet darüber im Klaren war, dass Aragon manch eines ihrer Bücher »hundertmal besser geschrieben« hätte, so wird sie heute ganz sicher nicht nur wegen ihrer Nähe zu Aragon gelesen. Aber sie wollte nicht das

Elsa Triolet befürchtete wohl, dass manch einer sie sehr gern aus Aragons Leben und Werk wegretuschiert hätte. Sie wusste, dass ihr nicht mehr viel Zeit blieb.

Elsa Triolet und Louis Aragon in ihrer
Wohnung in der Rue de Varenne.
(Foto Robert Doisneau)

Elsa Triolet: **Das große Nimmermehr** *(1965)*

*Fasst man sich als Erzähler kurz, erntet man den Vorwurf der Ober-
flächlichkeit, befleißigt man sich aber der Ausführlichkeit, heißt es,
man sei langfädig, und heutzutage muss in einem Roman vor allem
etwas laufen … Aber so oder so lassen die Dinge sich nicht in ein
Wortgewand kleiden wie in ein Trikot. Ich habe es schon einmal
gesagt: Die Sprache ist und bleibt sogar in den Händen eines
Virtuosen ein plumper Werkstoff. […]*

*Wörter, Wörter … Ja, ich habe etwas gegen sie. Wenn ich an die
Naivlinge denke, die den Anspruch erheben, mit diesem bröckeligen
Material für die Ewigkeit zu schreiben! Sie wähnen sich über den
jämmerlichen Alltag erhaben und merken nicht, dass sie nichts
erhaschen, auch nicht den kleinsten Zipfel der Ewigkeit. Wie lange
dauert es, bis ein Wort seinen Glanz verliert, alt wird, stirbt? Ein
Vierteljahrhundert, drei Jahrhunderte, ein Jahrtausend … Wann
beginnt eine Sprache abzusterben, von wann an ist sie nur noch für
ein paar Gebildete lebendig, die unsere Bewunderung für den Geist
der Dahingegangenen und seinen Einfluss auf die Nachwelt wach
halten? Und was gab es vor jenen ersten, die für uns aus der Nacht
der Zeiten hervortraten, wie hießen die Vorläufer? Der Nebel ver-
dichtet sich, schließt den Horizont hinter uns, wird immer undurch-
dringlicher. Schluss! Und man spricht von Ewigkeit! Dass ich nicht
lache. Was wir Menschen Ewigkeit nennen, ist im Vergleich zum
Zeitmaß anderer Dinge ein flüchtiger Augenblick. Welcher Dinge?
Soll ich mich in Phantastereien stürzen? Ich denke nicht daran!*

Schicksal ihrer Schwester erleiden, und befürchtete wohl, dass manch einer sie sehr gern aus Aragons Leben und Werk wegretuschiert hätte. Sie wusste, dass ihr nicht mehr viel Zeit blieb.

Elsa Triolet starb am 16. Juni 1970. In den letzten Jahren litt sie an Herzbeschwerden, ihr Tod kam nicht unerwartet und war doch ein Schock für alle, die sie gekannt hatten. Ihr letztes Buch, *Le rossignol se tait à l'aube (Die Nachtigall verstummt im Morgengrauen),* erschien erst im Januar desselben Jahres, als sie gerade eine schwere Herzattacke erlitt. In dem Buch, das sie in dem Bewusstsein schrieb, dass es ihr letztes sein würde, nimmt sie den eigenen Tod vorweg. Eine Frau verbringt mit alten Freunden, die sie zum Teil lange nicht gesehen hat, eine Sommernacht. Sie reden viel, und sie beginnt zu träumen … Bei Anbruch des Tages wird sie tot aufgefunden.

Zahlreiche Persönlichkeiten aus Kultur und Politik nehmen an Elsa Triolets Trauerfeier teil, die von der KPF ausgerichtet wird, obwohl Elsa nie Mitglied der Partei war. Aus Moskau kommen ihr Schwester und deren dritter Mann. Pablo Neruda und Jean-Louis Barrault finden ergreifende Worte.

Elsa Triolet wird an einem ihrer Lieblingsplätze, einem kleinen Hügel in der Nähe ihrer Mühle, beigesetzt. Die Grabplatte trägt bereits den Namen Aragon, nur die Daten fehlen noch. Aragon leidet unsäglich, zögert den Moment hinaus, bis das Grab geschlossen wird. Über eine Stunde lässt er die Trauergäste im strömenden Regen zusehen, wie er sorgfältig Blume um Blume für sie arrangiert. Zweiundvierzig Jahre lang waren die beiden unzertrennlich, lebten auf engstem Raum zusammen, arbeiteten gemeinsam, unternahmen Reisen, gingen aus – immer zusammen. Die Freunde machen sich große Sorgen um Aragon, aber in den folgenden Jahren sind viele darunter, die mit dem durch den Tod seiner Frau so veränderten Witwer nichts mehr anzufangen wissen und sich von ihm abwenden. Zusammen mit seinem Sekretär und späteren Nachlaßverwalter, dem Schriftsteller Jean

»Siehst du nicht, dass ich […] wie ein Verzweifelter bin, der dich der Zukunft entreißt, der dich mit seinen Händen packt, um dich mit letzter Kraft vor dem Versinken zu bewahren, und was bedeutet in der Stunde des Schiffbruchs der Name des Schiffbrüchigen, siehst du nicht, meine Geliebte, dass ich eifersüchtig bin, wie auf den schlimmsten deiner Gedanken, schrecklich eifersüchtig auf den Tod?«

Aragon

Ristat, arbeitet er unermüdlich weiter und gibt u.a. noch eine kommentierte Gesamtausgabe seines lyrischen Werks heraus.

Zwölf Jahre später folgt Aragon seiner Gefährtin. Die Geschichte ihrer Liebe aber, schon zu Lebzeiten ein Mythos, wird kontinuierlich weitergeschrieben.

Elsa Triolet ist unvergessen. Ihr Œuvre ist nach wie vor Gegenstand philologischer Forschung, und erst in den neunziger Jahren erschienen in Frankreich und Deutschland mehrere Bücher, die sich mit ihrem Leben und Werk beschäftigen. 1998 gelangten endlich auch ihre *Écrits Intimes,* die Tagebücher, Briefwechsel und Stilübungen umfassen, in französischer Sprache zur Veröffentlichung. Zu Beginn des Jahres 2000 folgte der umfangreiche Briefwechsel Lilja Brik – Elsa Triolet, der 50 Jahre Zeit- und Kulturgeschichte reflektiert und zugleich einen Einblick in die Alltagssorgen der so unterschiedlichen und jeweils auf ihre Art charismatischen Schwestern bietet.

Moulin de Villeneuve.

Bereits seit einigen Jahren gibt es die *Société des Amis de Louis Aragon et Elsa Triolet,* der auch der Sänger Jean Ferrat, die Schriftstellerin Edmonde Charles-Roux, Jean Ristat und der Verleger Antoine Gallimard angehören.[5] Mit Veranstaltungen und Publikationen bemüht sich die Gesellschaft, die Erinnerung an das Schriftstellerpaar Elsa Triolet – Louis Aragon aufrecht zu erhalten.

Aragons Wunsch ensprechend ging die Moulin de Villeneuve nach seinem Tod in staatlichen Besitz über. Nach dem Umbau steht seit 1994 das Forschungszentrum nebst einer umfangreichen Bibliothek Wissenschaftlern und Schriftstellern aus aller Welt zur Verfügung. Die Wohnung von Elsa Triolet und Louis Aragon wurde zu einem Museum umgebaut, das auch der interessierten Öffentlichkeit zugänglich ist.

Hommage an Elsa Triolet

Elsa Triolet war eine Person in der Männerwelt. Von dieser wurde sie auf den Schild der Muse gehoben, auf die Sockel der Avantgarde, der Resistance, der kommunistischen Kultur. Sie ist seither im Spiegelkabinett der Zueignung zu betrachten, in einem Glaskasten der fleischlosen Liebe, die sie umgarnte. Ihr Vorname Elsa wurde emblematisch, auf zahlreiche Widmungen und Würdigungen der ersten Garde des europäischen 20. Jh. ist zu schauen. Ihr Name ist wie eine Resonanz auf das Sehnen nach einer von der Liebe geprägten menschlichen Verbindung, der sie schließlich ihre Identität hingab, ihren Namen. Und doch musste sie das Leid spüren, dass jeder Mensch nur einzeln spüren kann, und dieses das Leid spüren ist in der künstlerischen Welt oft von einer dramatischen Ambivalenz, die die Kehrseite des Spiegels einmal als Person hinter der Gravur des Spiegelbildes erkennen lässt, ein andermal die Person vor dem Spiegel als Kehrseite zur Kehrseite unsichtbar verwahrt. Der Fluch der Muse. Niemand hätte mehr ein Weigern einfordern können als sie selbst, alle Kritik am Magnetismus der Männer hieße mit einer Kehrseite die andere ins Dunkel reißen. Sie wurde Dichterin. Und heute ist es in Frankreich so, dass ihr größter Verehrer und Lebensgefährte die allergrößte Verehrung genießt, so wie man es in Deutschland gar nicht kennt. Und sie macht es dieser namenlosen Verehrung nicht leicht, weil auch sie ihr Publikum, ihre namenlose Verehrung einklagt mit einem Werk, das so gelungen zeithaft ist, so wie ihre Person zeitlos ist, dass eine Begegnung mit ihm, dem Werk, zeitlich unumgänglich war, denn ihre Romane sind von einer Gewissheit aus geschrieben worden, die weniger die Gewissheit des ästhetischen Vorsprunges war, als die Gewissheit bald des durchschimmernden Vlieses, in das sich die Schönheit kleidet, bald des wintertauglichen Mantels, mit dem sich die Schönheit schützt, auch vor grenzenloser Verehrung. Ihre *Liebenden von Avignon* lassen die

Frage aufkommen, ob nicht er, ihr unbegehrend Liebender, Aragon, der wie sie nur einen Namensteil hat, nicht der Nicht-Liebende gewesen war, und sie, die unbegehrt Geliebte, Elsa, nicht genügend Liebe besaß, diesen absurden Kehrschluss für nichtig zu erklären, den der Nichtigkeit der glücklichen Liebe, der sich hinter den abertausenden Komplimenten ihres Geliebten wie hinter einem Paravent nur verbirgt. Elsas und Aragons Werke sind, mehr aus einem Gezerre der politischen Systeme heraus zu verstehen, verschieden ins Deutsche übersetzt worden, oft mussten sie ihren Vorsprung vor anderen Dichtern und Dichterinnen dadurch einbüßen, er deutlicher als sie, aber unvergleichlicher sind seine Dichtungen in das Französische eingebrannt wie das Wort Chanson. Ihrer beider Werke ließ er als ein Œuvre erscheinen. Und hinter diesem Paravent des Ruhms, den man manchmal zusammenklappen möchte, steht auf der Kehrseite ihres – durch ihn – uns bekannten Wesens eine uns doch Unbekannte auf und klappt ihn selber zu.

Frank Henseleit, im März 2000

Anmerkungen und Quellennachweise (Text)

Wir danken allen Autoren, Fotografen, Verlagen und Nachlassverwaltern für die freundliche Genehmigung zum Abdruck. In einigen Fällen ist es trotz intensiver Nachforschungen nicht gelungen, die heutigen Rechteinhaber zu ermitteln. Wir bitten diese, sich mit dem Verlag in Verbindung zu setzen.
Die in Klammern gesetzten Zahlen verweisen auf die entsprechenden Seitenzahlen.
Die mit * gekennzeichneten Texte wurden von der Verfasserin dieses Buches ins Deutsche übersetzt.

Leben und Schreiben

(10)   L. Aragon, La Diane française, S. 35f. (linke Seite). Poèmes français – Französische Gedichte, S. 169
(12)   E. Triolet, Das Ende hat seinen Preis, S. 5f.
(14)   L. Brik, Schreib Verse für mich, S. 209
(16)   E. Triolet: La mise en mots, S. 50*
(18f.) E. Triolet, Écrits intimes, S. 398 ff.*; Aragon, Spiegelbilder, S. 65

Russische Kindheit oder Heimweh

(21)   E. Triolet, Majakowskij, S. 11
(22)   V. Šklovskij, Zoo oder Briefe nicht über die Liebe, S. 86f.
(23)   E. Triolet, Majakowskij, S. 15
(24)   E. Triolet, L'histoire d'Anton Tchécov, sa vie – son œuvre, S. 7*
(25)   Ebda., S. 197*
(26)   E. Triolet, Fraise-des-Bois, S. 97-99*. Das Majakowskij-Zitat ist als Motto dem zweiten Teil des Buches vorangestellt
(27)   R. Jakobson, Meine futuristischen Jahre, S. 48-50

Zwei Schwestern oder Frauen

1 Wassili Katanjan im Vorwort zu: L. Brik, Schreib Verse für mich, S. 16
2 G. Saint-Bris und V. Fédorivski, Russische Musen, S. 266f.
3 Vgl. A. und S. Charters, I love, S. 369

(28)   E. Triolet, Majakowskij, S. 46
(30)   E. Triolet, Fraise-des-Bois, S. 13f.*
(32)   R. Jakobson, Meine futuristischen Jahre, S. 112 und S. 53f.
(33)   Wassili Katanjan (Lilja Briks Stiefsohn) im Vorwort zu: L. Brik, Schreib Verse für mich, S. 10

(34)	L. Brik, Schreib Verse für mich, S. 175f.

(35)	V. Šklovskij, Erinnerungen an Majakovskij

(37)	Zitiert nach W. Katanjan im Vorwort zu: L. Brik, Schreib Verse für mich, S. 10

(38)	E. Triolet, Cahiers enterrés sous un pêcher, in: Le premier accroc coûte deux cents francs, S. 312*

(39)	M. Braun, Elsa et les femmes, in: Europe Nr. 506, S. 102*

(40/41/42) E. Triolet, Das private Leben im Krieg oder Alexis Slavsky, Kunstmaler, in: Das Ende hat seinen Preis, S. 17, 66, 56, 63f.

(41)	E. Triolet im Vorwort zu: Das Ende hat seinen Preis, S. 9

(44)	E. Triolet, Écrits intimes, S. 86f.*

Wladimir Majakowskij oder Keiner liebt mich

1 Das genaue Datum des ersten Aufeinandertreffens von Elsa und Majakowskij ist umstritten. Sie selbst hat ihr Alter mehrfach mit fünfzehn, später mit siebzehn angegeben

2 Karl Dedecius, Zum Thema, in: W. Majakowskij, Ich, S. 223

3 Diesen Vergleich zieht Nyota Thun in ihrem Buch Majakowski: Maler und Dichter, S. 17: »Die Blütezeit der Graffiti, der Straßen-Zeitung unserer Tage, hätte Majakowski fasziniert. Hätte er noch gelebt, wäre er bestimmt mit der Spray-Dose durch die nächtliche Stadtlandschaft gezogen.«

4 E. Triolet, Majakowskij, S. 30

5 Vgl. L. Marcou, Elsa Triolet, S. 30

6 Karl Dedecius in: W. Majakowskij, Ich, S. 225

7 Œuvres Romanesques Croisées d'Elsa Triolet et Aragon, Bd. I, Ouverture, S. 14*

8 E. Triolet, Maïakovski et nous, in: E.T., L'écrivain et le livre ou la suite dans les idées, S. 13*

(46)	E. Triolet, Majakowskij, S. 9f.

(47)	L. Brik, Schreib Verse für mich, S. 140

(48)	E. Triolet, Majakowskij, S. 9ff.

(49)	W. Majakowskij, Über den Futurismus, in: W. M., Ich, S. 126

(50)	E. Triolet, Cahiers enterrés sous un pêcher, in: Le premier accroc coûte deux cents francs, S. 320f.*

(51)	E. Triolet, Majakowskij, S. 14

(52/53) L. Brik, Schreib Verse für mich, S. 36f.

(54)	Louis Aragon im Vorwort zu seiner Anthologie: Elsa Triolet choisie par Aragon, S. 19f.*

(55)	W. Majakowskij, Ich selbst, Autobiografie 1922-1928, in: W. M., Ich, S. 64

(56)	W. Majakowskij, Wolke in Hosen, in: W. M., Aus vollem Halse, S. 11

(57) L. Brik, Schreib Verse für mich, S. 37

(58) Ebda., S. 8f.

(59) Ebda., S. 9

(60/61) E. Triolet, Écrits intimes, S. 150 ff.*

(60) R. Jakobson, Meine futuristischen Jahre, S. 112

(61) E. Triolet, Majakowskij, S. 30

(62) W. Majakowskij, Die Wirbelsäulenflöte, in: W. M., Aus vollem
      Halse, S. 36

(64) Ebda., S. 38

(63) L. Brik, Schreib Verse für mich, S. 53

(65) Karl Dedecius in: W. Majakowskij, Die Wirbelsäulenflöte, S. 62

(66) E. Triolet, Majakowskij, S. 42f.

(67) Ebda., S. 45

(68) Rita Reit, zitiert im Nachwort von Karl Dedecius zu:
      W. Majakoswskij, Liebesbriefe an Lilja, S. 115

(69) Brief von Lilja Brik an Elsa Triolet vom 19.6.1929, in: Lili Brik-Elsa
      Triolet, Correspondance 1921-1970, S. 43f.*

(70) L. Brik, Schreib Verse für mich, S. 82f.

(71) U. Hörner, Im Dreieck, S. 152

(72) E. Triolet im Vorwort zu: Das Ende hat seinen Preis, S. 9f.

(73) E. Triolet, Majakowskij, S. 5

Moskau, Berlin, Paris oder Einsamkeit

1 V. Bougault, Paris Montparnasse, S. 183

2 vgl. A. Thirion, Révolutionnaires sans Révolution, S. 157 ff.*

3 E. Triolet, Écrits intimes, S. 211*

(74) E. Triolet, Majakowskij, S. 45f.

(75) Ebda., S. 46

(76) V. Šklovskij, Zoo oder Briefe nicht über die Liebe, S. 90f.

(78) Ebda., S. 22f.

(79) E. Triolet, Majakowskij, S. 53

(80) V. Šklovskij, S. 24f.

(82) E. Triolet, Henri Castellat, in: Mille Regrets, S. 167f.*; E. Triolet,
      Écrits intimes, S. 195*

(84) E. Triolet, Majakowskij, S. 54

(85) Œuvres Romanesques Croisées d'Elsa Triolet et Aragon, Bd. I,
      Ouverture, S. 17*

(86) E. Triolet, Die Frau mit dem Diamanten, S. 57ff.*

(87) André Triolet, Brief vom 23.4.1923, in: E. Triolet, Écrits intimes,
      S. 193*

(88) E. Triolet, Écrits intimes, S. 223*

(89)   W. Majakowskij, Brief an Lilja vom 9.11.1924, in: L. Brik, Schreib
        Verse, S. 159ff.

Aragon oder Il n'y a pas d'amour heureux

1 P. Bürger, Der französische Surrealismus, S. 107
2 Vgl. A. Thirion, Révolutionnaires sans révolution, S. 164
3 E. Triolet, Écrits intimes, S. 228, Anm. 3*
4 J. Pierre (Hg.), Recherchen im Reich der Sinne
5 E. Röhr, Gedichte für Dekolletées, in: Vogue, April 1999
6 1929 erscheinen zwei erotisch-pornographische Texte Aragons. Le con
  d'Irène (Irène) wird unter dem Pseudonym Albert de Routisie veröffentlicht. Albert Camus bezeichnet es fünfundzwanzig Jahre später als den
  »schönsten aller erotischen Texte« (zit. im Vorwort zu Albert de
  Routisie, Irène, Berlin, Frankfurt, Wien 1968, S. 19). Im gleichen Jahr ver-
  faßt Aragon zusammen mit Benjamin Péret und Man Ray unter dem
  schlichten Titel 1929 eine Sammlung von Gedichten, die von vier recht
  eindeutigen Fotos begleitet werden. Das Buch wurde in Belgien
  gedruckt und bei dem Versuch, es nach Frankreich einzuführen,
  beschlagnahmt. 1993 erschien eine Neuauflage.
7 L. Aragon, Spiegelbilder, S. 312

(92/94/96/98) L. Aragon, Spiegelbilder, S. 142 ff.
(93)   Œuvres Romanesques Croisées d'Elsa Triolet et Aragon, Bd. I,
        Ouverture, S. 27*
(95)   L. Aragon im Vorwort zu: Libertinage, S. 26; Œuvres Romanesques
        Croisées d'Elsa Triolet et Aragon, Bd.I, Ouverture, S. 28*
(97)   W. Babilas, Louis Aragon, S. 86
(99)   V. Bougault, Paris Montparnasse, S. 183
(101)   E. Triolet, Écrits intimes, S. 228*
(102)   E. Triolet, Colliers de Paris, S. 15*
(104/106) E. Triolet, Die Frau mit dem Diamanten, S. 52ff.*
(105)   L. Aragon in: José Pierre, Recherchen im Reich der Sinne, S. 34
(106)   L. Aragon im Nachwort zu: Die Glocken von Basel, S. 531
(109)   J.-L. Barrault, Elsa Triolet, in: Europe Nr. 506, S. 66*
(110)   E. Triolet, Colliers de Paris, S. 15*
(111)   V. Šklovskij, Le Grand Jamais, in: Europe Nr. 506, S. 32
(112)   L. Aragon, Prose du bonheur et d'Elsa, in: Le Roman inachevé,
        S. 215ff.
(113)   A. Breton, Entretiens-Gespräche, S. 197
(114)   L. Aragon, Die Glocken von Basel, S. 505; L. Aragon im Nachwort
        zu: Die Glocken von Basel, S. 532

(115) E. Triolet, Œuvres Romanesques Croisées d'Elsa Triolet et Aragon, Bd. I, Ouverture, S. 31*

(116) J.-P. Sartre, Sur »Bonsoir Thérèse«, in: Europe Nr. 533-534, Sept.-Okt. 1973 (Wiederabdruck von 1939)*

(117) E. Triolet, Écrits intimes, S. 191*

(119) L. Aragon, Et des chansons pour Madeleine, in: Europe Nr. 506, S. 3f.*

(120) E. Triolet im Vorwort zu: Das Ende hat seinen Preis, S. 6f.

(121) L. Aragon im Nachwort zu: Die Glocken von Basel, S. 532

(123) E. Triolet im Vorwort zu: Das Ende hat seinen Preis, S. 10

(124/125) L. Aragon in einem Rundfunkinterview mit Francis Crémieux, dt. Übersetzung im Nachwort zu: Aurélien, S. 674f.

(127) G. Marko, Schreibende Paare, S. 382; U. Hörner, E. Triolet und L. Aragon, S. 107

(128) L. Brik, Schreib Verse für mich, S. 217ff.

(130) E. Triolet im Vorwort zu: Das Ende hat seinen Preis, S. 14

(132) E. Triolet im Vorwort zu: Le cheval blanc, S. 16ff.*

(133) L. Aragon, Spiegelbilder, S. 9

(134/135) L. Brik, Schreib Verse für mich, S. 214ff.

Epilog des Lebens und Epilog des Schreibens

1 E. Triolet, Bonsoir Thérèse, Œuvres Romanesques Croisées d'Elsa Triolet et Aragon, Bd.I, S. 284*

2 vgl. L. Marcou, Elsa Triolet, S. 358

3 vgl. D. Desanti, Elsa-Aragon, S. 355

4 So bezeichnet D. Desanti das Paar in ihrem Buch Elsa-Aragon

5 Die Gesellschaft steht allen Interessierten offen. Informationen und Kontakt über die detaillierte Louis-Aragon-Site von Prof. W. Babilas: www.uni-münster.de/Romanistik/Aragon

(137) A. Camus, Brief an E. Triolet vom 29. Mai 1943, zit. n. E. Triolet choisie par Aragon, S. 31*

(138) E. Triolet, Mille Regrets, S. 60f.*

(139) E. Triolet, Bonsoir Thérèse, Œuvres Romanesques Croisées d'Elsa Triolet et Aragon, Bd.I, S. 284*

(140) E. Triolet, Luna-Park, S. 148ff.*

(141) L. Mackinnon, The lives of Elsa Triolet, S. 200*

(142) F. Gilot, Leben mit Picasso, S. 230

(144) E. Triolet, Das große Nimmermehr, S. 81f.

(145) L. Aragon, Spiegelbilder, S. 69

Lebensdaten

1896: geb. am 12. September in Moskau als zweite Tochter des jüdischen Rechtsanwalts Juri Kagan und der Klavierlehrerin Helena Jurjewna Kagan

1912: Heirat der Schwester Lilja mit Ossip Brik.
Begegnung Elsas mit dem Dichter Wladimir Majakowskij.

1914: Kriegsausbruch.

1915: Tod des Vaters.
Beginn der Liebesbeziehung Majakowskijs mit Lilja Brik.
Studium der Architektur in Moskau.

1916: Erste Begegnung mit Viktor Šklovskij.

1917: Begegnung mit André Triolet.

1918: Abschluss des Studiums.
Elsa verlässt Russland mit ihrer Mutter, Aufenthalt in London und Paris.

1919: Heirat mit André Triolet.
Aufenthalt in Tahiti.

1920: Rückkehr nach Europa, Trennung von ihrem Mann, Aufenthalt in London und Berlin.

1921: Aufenthalt in Paris, Hotel Istria.
Erste Werke in russischer Sprache, wechselnder Aufenthalt in Moskau, Berlin und 1928: Paris.

1928: Begegnung mit dem Dichter und Romancier Louis Aragon am 6. November in der Bar »La Coupole« am Boulevard Montparnasse.

1929: Elsa und Aragon ziehen zusammen in Aragons Atelier in der Rue Campagne Première.
Elsa beginnt aus Geldnot mit der Herstellung und dem Verkauf von Halsketten für die Haute Couture, Aragon hilft ihr als Vertreter.

1930: Selbstmord Majakowskijs in Moskau.
Gemeinsame Reise von Elsa und Aragon nach Moskau, Teilnahme am Weltkongress der revolutionären Schriftsteller in Charkow

1932: Gemeinsamer Aufenthalt von Elsa und Aragon in Moskau.

1933: Elsa schreibt über ihre Erlebnisse in der Pariser Modewelt ihr viertes Buch in russischer Sprache *Colliers*, das jedoch nicht verlegt wird.
Beginn der Tätigkeit Aragons für die kommunistische Zeitung »L'Humanité«.
Tätigkeit als Übersetzerin und Journalistin.

1935: Umzug in die Rue de la Sourdière 18 im Opernviertel.

1937: Hinrichtung von Liljas zweitem Ehemann General Primakov.
Aragon wird Chefredakteur der neugegründeten Zeitung »Ce soir«.

1938: Veröffentlichung des ersten Buches in französischer Sprache.

1939: Scheidung von André Triolet, Heirat mit Louis Aragon.
Reise in die USA.
Kriegsausbruch, Aragon wird eingezogen.

1940: Elsa verläßt Paris vor der Besetzung durch die Deutschen und
begibt sich nach der Demobilisierung zusammen mit Aragon
zunächst in die Charente, dann nach Carcassonne, Villeneuve-lès-
Avignon und Nizza.

1941: Verhaftung von Elsa und Aragon, drei Wochen Aufenthalt in der
Kaserne von Tours, heimlicher Aufenthalt in Paris.
Gründung der Zeitschrift *Les Lettres françaises* und des *Comité
National des écrivains*, einer Untergrundorganisation für
Schriftsteller.

1942: Besetzung Nizzas durch die Italiener.
Elsa und Aragon gehen in den Untergrund.
Aragon übernimmt die Leitung der Widerstandsgruppe in der
Südzone.
Aufenthalt in Lyon, der Hauptstadt der Résistance.

1944: Landung der Alliierten, Rückkehr nach Paris.

1945: Kriegsende.
Tod von Ossip Brik, Wiedersehen der Schwestern Lilja und Elsa
nach zehn Jahren.
Teilnahme Elsa Triolets an den Kriegsverbrecherprozessen in
Nürnberg.
Verleihung des Prix Goncourt für die Novellensammlung *Le premier
accroc coûte deux cents francs* rückwirkend für das Jahr 1944.

1950: Elsa Triolet engagiert sich im Nationalen Schriftstellerverband und
initiiert Buchmessen, die bis in die sechziger Jahre unter dem
Namen »Bataille du livre« veranstaltet werden.

1951: Kauf einer alten Mühle in St.-Arnoult-en-Yvelines.

1960: Umzug in die Rue de Varenne 56, in das Haus neben der sowjetischen Botschaft.

1964: Der erste von insgesamt 42 Bänden der »Œuvres Romanesques
Croisées d'Elsa Triolet et Aragon« erscheint.

1970: Elsa Triolet stirbt am 16. Juni in der Mühle in St.-Arnoult an
Herzversagen.

1978: Lilja Brik nimmt sich im Alter von 87 Jahren mit Schlaftabletten das
Leben.

1982: Aragon stirbt am 24. Dezember in der Pariser Wohnung in der Rue
de Varenne.

Werke von Elsa Triolet

in französischer Sprache:

1925: À Tahiti (zuerst in russ. Sprache erschienen, 1964 ins Französische übersetzt von Elsa Triolet für Band 1 der Œuvres Romanesques Croisées d'Elsa Triolet et Aragon), nicht als Einzelausgabe erschienen

1926: Fraise-des- Bois (zuerst in russ. Sprache erschienen). Ins Franz. übersetzt von Léon Robel. Paris: Gallimard 1974

1928: Camouflage (zuerst in russ. Sprache erschienen). Ins Franz. übersetzt von Léon Robel, Paris: Gallimard 1976

1935: Colliers (zuerst in russ. Sprache auszugsweise erschienen). 1974 ins Franz. übersetzt von Léon Robel für Band 40 der Œuvres Romanesques Croisées d'Elsa Triolet et Aragon), nicht als Einzelausgabe erschienen

1938: Bonsoir Thérèse. Paris: Denoël

1939: Maïakovski, poète russe, souvenirs. Paris: Éditions Sociales Internationales

1942: Mille Regrets. Paris: Denoël

1943: Le cheval blanc. Paris: Denoël
(unter dem Pseudonym Laurent Daniel) Les amants d'Avignon. Paris: Éditions de Minuit 1945

1944: Qui est cet étranger qui n'est pas d'ici? ou Le mythe de la baronne Mélanie. Paris: Seghers

1945: Le premier accroc coûte deux cents francs. Paris: Denoël (Für diese Novellensammlung erhielt Elsa Triolet den Prix Goncourt des Jahres 1944 zugesprochen)
Maïakovski, poète russe. Paris: Seghers
Ce n'était qu'un passage de ligne, Paris: Seghers
Six entre autres. Lausanne: La guilde du livre

1946: Personne ne m'aime. Paris: La Bibliothèque française

1947: Les fantômes armés. Paris: La Bibliothèque française

1948: L'écrivain et le livre ou la suite dans les idées. Paris: Éditions Sociales
L'inspecteur des ruines. Paris: Les Éditeurs Français Réunis

1953: Le cheval roux ou les intentions humaines. Paris: Les Éditeurs Français Réunis

1954: L'histoire d'Anton Tchékhov: Sa vie - son œuvre. Paris: Les Éditeurs Français Réunis.

1956: Pour que Paris soit. (mit Robert Doisneau) Paris: Éditons Cercle d'Art.
Le rendez-vous des étrangers. Paris: Gallimard

1957: Le monument. Paris: Gallimard

Maïakovski. Vers et proses. Ausgewählt, übersetzt und kommentiert von Elsa Triolet, Paris

1959: L'age de nylon I: Roses à credit. Paris: Gallimard

L'age de nylon II: Luna-park. Paris: Gallimard

1960: Elsa Triolet choisie par Aragon. Paris: Gallimard

1962: Les manigances. Journal d'une égoïste. Paris: Gallimard

1963: L'age de nylon III: L'âme. Paris: Gallimard

1964-1974: Œuvres Romanesques Croisées d'Elsa Triolet et Aragon. 42 Bde. Paris: Robert Laffont

1965: Le grand jamais. Paris: Gallimard

1968: Écoutez-voir. Paris: Gallimard

1969: La mise en mots. Paris und Genf: Éditions d'Art Albert Skira

1970: Le rossignol se tait à l'aube. Paris: Gallimard

1971: Proverbes d'Elsa: Textes d'Elsa Triolet chosis par Jean Marcenac. Paris: Les Éditeurs Français Réunis

1981: Chroniques théâtrales: Les Lettres Françaises 1948-1951, hg. und kommentiert von Monique Lèbre-Peytard. Paris: Gallimard

1998: Écrits intimes 1912-1939, hg. und mit einem Vorwort und Anmerkungen versehen von Marie-Thérèse Eychart. Paris: Éd. Stock

2000: Lili Brik – Elsa Triolet, Carespondance 1921-1970, hg. von Lion Robel, Paris: Gallimard

in deutscher Sprache:

Die Liebenden von Avignon. Aus dem Französischen von Margarete Friedrich. Neuwied 1949

Das rote Pferd oder Wohin steuert die Menschheit. Aus dem Französischen von Ewald Czapski. Berlin 1957

Majakowskij. Berlin 1957

Rosen auf Kredit. Aus dem Französischen von Grete Steinböck. Würzburg und Wien 1962

Paris bei Tag, Paris bei Nacht. Mit Robert Doisneau. Aus dem Französischen von Stephan Hermlin, Berlin 1958

Das Ende hat seinen Preis. Erzählungen aus der Résistance. Aus dem Französischen von Else Bestian und Hans Bestian. Schwifting 1983

Das große Nimmermehr. Aus dem Französischen von Guido Meister. Frankfurt 1986

Colliers de Paris. Aus dem Französischen von Susanne Nadolny. Dortmund 1999

Die Frau mit dem Diamanten. Aus dem Französischen von Susanne Nadolny. Dortmund 1999

Literatur

Aragon, Louis: La Diane française. Paris 1945

Aragon, Louis: Le roman inachevé. Paris 1956

Aragon, Louis: Entretiens avec Francis Crémieux. Paris 1964

Aragon, Louis (Albert de Routisie): Irène. Aus dem Französischen von Ilse Walther Dulk und Robert Weisert. Propyläen Verlag 1968

Aragon, Louis: Spiegelbilder. Aus dem Französischen von Eva und Gerhard Schewe. Berlin 1968

Aragon, Louis: Die Glocken von Basel. Aus dem Französischen von Alfred Kurella. München 1979

Aragon, Louis: Libertinage. Aus dem Französischen von Lydia Babilas. Frankfurt 1991

Aragon, Louis: Der Pariser Bauer. Aus dem Französischen von Lydia Babilas. Frankfurt/Main 1996

Aragon, Benjamin Péret, Man Ray: 1929. Paris 1993

Arp, Aragon, Breton, Char, Desnos, Eluard, Peret, Soupault: Surrealismus Poesie. Berlin 1983

Babilas, Wolfgang: Louis Aragon, in: Wolf Dieter Lange (Hg.): Französische Literatur der Gegenwart in Einzeldarstellungen. Stuttgart 1971

Becker, Heribert (Hg.) Es brennt! Politische Pamphlete der Surrealisten. Übersetzt, herausgegeben und mit einem Vorwort versehen von Heribert Becker. Hamburg 1998

Becker, Heribert (Hg): Das heiße Raubtier Liebe: Erotik und Surrealismus. München-New York 1998

Bougault, Valérie: Paris Montparnasse. Zur Zeit der Modernen Kunst 1910-1940. Paris 1997

Breton, André: Entretiens - Gespräche. Dada, Surrealismus, Politik. Aus dem Französischen und herausgegeben von Unda Hörner und Wolfram Kiepe. Amsterdam 1996

Breton, André: Die Manifeste des Surrealismus. Deutsch von Ruth Henry. Reinbek bei Hamburg 1986

Brik, Lilja: Schreib Verse für mich. Erinnerungen an Majakowski und Briefe. Übersetzt von Ilse Tschörtner. München 1993

Bürger, Peter. Der französische Surrealismus. Studien zur avantgardistischen Literatur. Um neue Studien erweiterte Ausgabe. Frankfurt am Main 1996

Charters, Ann & Samuel: I love. The story of Vladimir Mayakovsky and Lili Brik. New York 1979

Daix, Pierre: Aragon - une vie à changer. Paris 1975

Desanti, Dominique: Elsa-Aragon. Le couple ambigu. Paris 1994

Drot, Jean-Marie u. Polad-Hardouin, Dominique: Les heures chaudes de Montparnasse. Paris 1999

Eluard, Paul: Liebesbriefe an Gala (1924-1948). Hg. und kommentiert von Pierre Dreyfus. Aus dem Französischen von Thomas Dobberkau. Hamburg 1987

Erdle, Birgit R.: Elsa Triolet, in: Wolf-Dieter Lange (Hg.): Kritisches Lexikon der romanischen Gegenwartsliteraturen. Tübingen o.J.

Claude Frioux, Maïakovski par lui-même, Paris 1961

Gilot, Françoise u. Lake, Carlton: Leben mit Picasso. Aus dem Amerikanischen von Anne-Ruth Strauß. München 1980

Goll, Claire: Ich verzeihe keinem. Eine literarische Chronique Scandaleuse. Berlin 1987

Herrera, Hayden: Frida Kahlo. Malerin der Schmerzen - Rebellin gegen das Unabänderliche. Aus dem Amerikanischen von Dieter Mulch. Frankfurt am Main 1987

Hervé, Florence: »Wir fühlten uns frei«. Deutsche und französische Frauen im Widerstand. Essen 1997

Heyden-Rynsch, Verena von der (Hg.): Vive la littérature! Französische Literatur der Gegenwart. München Wien 1989

Hirschbach, Denny u. Nowoselsky, Sonia (Hg.): Zwischen Aufbruch und Verfolgung. Künstlerinnen der zwanziger und dreißiger Jahre. Bremen 1993

Hörner, Unda: Das Romanwerk Elsa Triolets. Im Spannungsfeld von Avantgarde und Sozialistischem Realismus. Diss. Essen 1993

Hörner, Unda: Die realen Frauen der Surrealisten. Simone Breton, Gala Éluard, Elsa Triolet. Mannheim 1996

Hörner, Unda: Elsa Triolet und Louis Aragon. Die Liebenden des Jahrhunderts. Berlin 1998

Hörner, Unda (Hg.): Im Dreieck. Liebesbeziehungen von Nietzsche bis Duras. Frankfurt am Main 1999

Huppert, Hugo: Wladimir Majakowski. Hamburg 1965

Jürgs, Britta (Hg.): Oh große Ränder an meiner Zukunft Hut! Portraits surrealistischer Künstlerinnen und Schriftstellerinnen. Grambin o.J.

Jakobson, Roman: Meine futuristischen Jahre. Hg. V. Bengt Lengfeldt. Aus dem Russischen von Brigitte von Kann. Berlin 1999

Juin, Hubert: Aragon. Paris 1960

Klüver, Billy u. Martin, Julie: Kiki's Paris. Artists and Lovers 1900-1930. New York 1989

Landgrebe, Christiane u. Kister, Cornelia: Flaneure, Musen, Bohemiens. Literatenleben in Berlin. Berlin 1998

Lecherbonnier, Bernard: Aragon. Paris 1971

Lemaire, Gérard-Georges u. Schreiber, Martin: Die Künstlercafés von Paris – gestern und heute. Aus dem Französischen von Michael Farin und Michael von Killisch-Horn. München 1998

Mackinnon, Lachlan: The Lives of Elsa Triolet. London 1992

Majakowski, Wladimir W.: Ausgewählte Gedichte und Poeme. Deutsche Nachdichtungen von Hugo Huppert. Berlin 1953

Majakowskij, Wladimir: Aus vollem Halse. Gedichte. Deutsch von Karl Dedecius. Ebenhausen bei München 1983

Majakowski, Wladimir W.: Werke in zehn Bänden. Frankfurt am Main 1980

Majakowskij, Wladimir W.: Liebesbriefe an Lilja 1917-1930. Herausgegeben und übertragen von Karl Dedecius. Frankfurt am Main 1969

Majakowskij, Wladimir W.: Die Wirbelsäulenflöte. 1915. Die Geschichte eines Gedichts, eines Jahres, einer Liebe, neu übersetzt und ins Gedächtnis gerufen von Karl Dedecius. Frankfurt am Main 1971

Majakowskij, Wladimir W.: Gedichte. Auswahl, Übertragung und Nachwort von Karl Dedecius. Stuttgart 1971

Majakowskij, Wladimir: 20 Jahre Arbeit (Ausstellungskatalog) Berlin 1978

Majakowskij, Wladimir W.: ICH. Ein Selbstbildnis. Collagiert und kommentiert von Karl Dedecius. Frankfurt am Main 21993

Majakowskij, Wladimir: Das bewusste Thema. Berlin 1994

Malraux, Clara: Das Geräusch meiner Schritte. Bern und München 21982

Man Ray: Selbstporträt. München 1983

Man Ray: Das photographische Werk. München 1998

Mann, Carol: Künstlerleben in den 20er und 30er Jahren. Aus dem Englischen von Matthias Müller. London 1996

Marcou, Lilly: Elsa Triolet. Les Yeux et la Mémoire. Paris 1994

Marcou, Lilly: Wir größten Akrobaten der Welt. Ilja Ehrenburg. Eine Biografie. Aus dem Französischen von Eveline Passet. Berlin 1996

Marko, Gerda: Schreibende Paare. Liebe, Freundschaft, Konkurrenz. Frankfurt am Main 1998

Montreynaud, Florence: Love. Ein Jahrhundert der Liebe und Leidenschaft. Köln 1998

Nadeau, Maurice: Geschichte des Surrealismus. Deutsch von Karl Heinz Laier. Reinbek bei Hamburg 1986

Pierre, José (Hg.): Recherchen im Reich der Sinne. Die zwölf Gespräche der Surrealisten über Sexualität 1928-1932. Aus dem Französischen von Martina Dervis. München 1996

Poèmes français - Französische Gedichte. Auswahl und Übersetzung von U.F. Müller, M. Müller-Bek, M. Passelaigue, mit Beiträgen von Lydia Babilas (Aragon) und M. Fahrenbach - Wachendorf (Goll). München 1999

Polizzotti, Mark: Revolution des Geistes. Das Leben André Bretons. Aus dem Amerikanischen von Jörg Trobitius. München Wien 1996

Portraits d'auteurs: Louis Aragon. Paris 1997

Rezvani Khorasani, Doris: Elsa Triolet - das erzählerische Werk. Dissertation. Münster 1995

Ristat, Jean: Aragon: »Commencez par me lire!« Paris 1997

Roy, Claude: Aragon. Paris 1946

Sadoul, Georges: Aragon. Paris 1967

Saint-Bris, Gonzague und Fédorovski, Vladimir: Russische Musen. Gala Dalí, Olga Picasso, Lou Andreas-Salomé, Elsa Triolet, Anna Achmatowa, Dina Vierny ... Aus dem Französischen von Brigitte Große. Hamburg 1996

Seyppel, Joachim: Die Unperson oder Schwitzbad und Tod Majakowskis. Köln-Frankfurt am Main 1979

Šklovskij, Viktor: Erinnerungen an Majakovskij. Aus dem Russischen von Roger Reimar. Frankfurt 1966

Šklovskij, Viktor: Zoo oder Briefe nicht über die Liebe. Aus dem Russischen von Alexander Kaempfe. Frankfurt am Main 1980

Šklovskij, Viktor: Dritte Fabrik. Aus dem Russischen von Verena Dohrn und Gabriele Leupold. Mit einem Nachwort von Verena Dohrn. Frankfurt/Main 1988

Sur, Jean: Aragon, le réalisme de l'amour, avec des notes marginales d'Aragon. Paris 1966

Thirion, André: Révolutionnaires sans Révolution. Paris 1968

Thun, Nyota: Majakowski: Maler und Dichter; Studien zur Werkbiografie 1912-1922. Tübingen und Basel 1993

Vaksberg, Arcadi: Lili Brik, Portrait d'une séductrice. Aus dem Russischen von Dimitri Sesemann. Paris 1999

Vollmer-Heitmann, Hanna: Wir sind von Kopf bis Fuß auf Liebe eingestellt. Die zwanziger Jahre. Hamburg 1993

Wallard, Daniel: Aragon. Un portrait. Paris 1979

Zeitschrift »Europe«: Elsa Triolet und Aragon«, Nr. 454-455, Februar/März 1967

Zeitschrift »Europe«: Elsa Triolet. Nr. 506, Juni 1971

CDs mit Chansons nach Texten von Elsa Triolet und Louis Aragon (Auswahl)

Jeanne Moreau, Master Serie (PolyGram 1998)

> Auf der CD sind folgende Chansons nach Zitaten von Elsa Triolet
> (Text: E. Triolet - E. Gullevic/Musik: Philippe Gerard):
> - Je suis vous tous qui m'écoutez
> - Jamais
> - Je monte sur les planches
> - Les ennuis du soleil
> - Au verso de ce monde
> - Aimer
> - Que toi
> - Les plaintes de la plaine

Hélène Martin chante Aragon (EPM 1990)

Leo Ferré chante Aragon (Barclay 1989)

Ferrat Aragon (Desques Temey 1995)

Ferrat 95 (Disques Temey 1994)

Georges Brassens Vol. 2, Master Serie (PolyGram 1994), darauf das von
Brassens vertonte Gedicht Aragons »Il n'y a pas d'amour heureux«

Ogeret chante Aragon (Vogue France 1986)

Bildnachweise:

Gisèle Freund: 108
Magnum/Focus: 14, 118, 142
Nadolny, S.: 83, 92, 102, 116
Rapho/Focus: 8, 141, 143, 144, 146
VG Bild-Kunst, Bonn: 9, 19, 88, 90 (Telimage), 94, 100 (Telimage), 104, 110,
    111
Roger-Viollet: 43, 126, 136
Telimage: 103

Alle anderen Fotos sind dem Verlagsarchiv bzw. folgenden Büchern ent-
    nommen:
Brik, Schreib Verse: 36, 38, 52, 58, 63, 66, 68, 70, 71
Desanti: 15, 16, 78, 84, 128
Drots: 53 (unten)
Europe 1967: 22, 25, 30,
Europe 1971: 45, 54, 74, 96, 120, 122, 125, 130, 171
Hörner, Die realen Frauen: 99
Hörner, Elsa Triolet: 129, 131
Huppert, Majakowski: 49
Majakowskij, Werke: 31, 53, 73
Marcou: 14, 20, 77
Lemaire/Schreiber, Cafés d'Artistes à Paris, Paris 1998: 85, 92
Paris, Künstlerleben: 40
Portraits d'auteurs: 88, 97, 138
Ristat: 124
Sadoul: 106
Šklovskij, Dritte Fabrik : 81
Triolet, Majakowskij: 48
Vaksberg: 32, 34, 37, 46

Dank an:

Philipp, Nicolas Jim und Leonard. Edith und Peter Kotzolt. Barbara Kotzolt. Jacqueline Kolendowicz. Viviane Zingg. Gudrun Gründken. Odile und John Brogden. Ilona Haberkamp. Ina Boos. Conny Kolwe. Annette Fleer. Nicola Oberer. Dr. Dieter Koch. Prof. Alfons Knauth. Cristina Silva-Braun. Michaela Redmann. Ingeborg Wunderlich. Rita Dilling-Rasem. Rolf Rasem. Frank Henseleit. Jörn Müller. Stefan Fleckmann. Christel Schneemeier.

Mein besonderer Dank gilt Brigitte Ebersbach für ihr aufmunterndes Vertrauen und ihren verlegerischen Mut.

Die Deutsche Bibliothek - CIP-Einheitsaufnahme

Elsa Triolet : il n'ya pas d'amour heureux ; eine biografische und literarische Collage /
Susanne Nadolny. Mit Texten, Bildern und Fotogr. von Elsa Triolet … - 1. Aufl. -
Dortmund : Ed. Ebersbach, 2000
    ISBN 3-934703-03-8

1. Auflage 2000
© edition ebersbach
www.edition-ebersbach.de

Umschlaggestaltung: Antje und Sybille Hassinger
Satz: Verlag Die Werkstatt, Göttingen
Druck und Bindung: Steidl-Verlag, Göttingen